나뭇잎과
스탬프

나와 자연을 잇는

손의 놀이

나뭇잎과 스탬프

한수정 지음

가지
KINDS BOOK

안녕하세요,
미술과 자연을 엮는 스탬프 작가
한수정입니다.

어느덧 나무를 바라보는 일상을 이어온 지 9년째입니다. 저는 9년 전만 해도 벚꽃이 지면 버찌라는 열매가 열리는지도 모르는 나무 문외한이었어요. 키 작은 풀들과는 오랫동안 친했지만 나무는 어쩐지 어렵고 다가가기 힘들더라고요. 그러다 마음이 힘든 어느 날인가 나무 앞에 섰는데 묵직한 존재감과 따뜻이 맞아주는 품이 좋아 자꾸만 찾아가게 되었어요. 그렇게 나무를 알고 싶은 마음이 일어나면서 혼자 나무 공부를 시작했습니다. 공부라 해봐야 매일 찾아가 그 앞에 서서 관찰하는 일이 전부였지만요. 그저 눈에 보이는 것부터 하나하나 있는 그대로 받아들이며 나무의 오늘 모습을 마음에 담았어요. 다른 누군가가 알려주는 지식보다는 직접 보고 만지며 매 순간 발견하는 아름다움에 경탄하면서요.

나무를 동경하듯 바라보면서 그림으로도 그려보고 싶었지만 마치 거대한 우주를 그리는 일로 느껴져 엄두가 나지 않았어요. 제가 배운 세밀화가 아닌 다른 방식을 찾고 싶어 이리저리 해매이다 우연히 스탬프라는 도구를 만났죠. 처음엔 호기심으로 스탬프 조각을 시작했는데 나뭇잎을 새기면서 헤어 나올 수 없는 블랙홀에 빠져들었어요. 한 잎이 두 잎, 세 잎이 되더니 급기야 매일 다니던 수목원의 63종 나뭇잎을 한 달 새 모두 스탬프로 만들어버렸답니다. 머릿속에 흐릿했던 잎의 형태가 스탬프가 되어 종이에 찍힐 때마다 마음에도 선명히 아로새겨지는 게 마냥 신기하고 재미있어 멈출 수가 없었어요. 그 후로는 밖을 나서면 나뭇잎만 눈에 보였어요. 스탬프로 만든 나무를 만나면 자연스럽게 이름을 불러주게 되었고 그 앞에 서서 꽃과 열매를 관찰했어요. 나뭇잎은 언제든 만날 수 있으니 나무를 알아보는 유용한 표지가 되어주었죠. 점점 알아보는 나무가 많아지면서 주변의 모든 나무와 친구가 됐어요. 나뭇잎 스탬프가 제게 준 가장 큰 선물 같아요.

지금은 다양한 방식으로 사람들과 만나며 나뭇잎 스탬프의 즐거움과 가치를 전하기 위해 애쓰고 있답니다. 아이들과는 스탬프와 똑같이 생긴 잎을 찾으며 놀고, 성인들과는 산책하고 그림 그리고 스탬프를 만들며 나무와 친해지는 법을 알려요. 이전의 제가 그랬던 것처럼요. 지식이 아닌 오롯이 나의 관찰과 감각만으로 자연을 만나고 손으로 무언가를 만들어가는 과정은 소소하지만 자연과 가까워지는 가장 충만한 방법이라고 믿어요. 그러한 관계맺음을 통해 우리는 비로소 주변을 의미 있게 바라보게 되죠. 여러분도 저와 함께 나뭇잎 한 장을 따서 스탬프로 만드는 시간을 가져보지 않으시겠어요? 그 과정이 주는 힘과 즐거움, 치유를 함께 느끼면서요. 작은 나뭇잎의 세계로 우리 함께 떠나봐요.

한수정

차례

2

스
케
치

손으로 그리는 나뭇잎

1

산
책

나무를 만나는 시간

밖으로

창밖으로 햇살이 가득한 날이다. 지나가는 바람에 나뭇잎이 반짝거리고 흐드러지게 핀 꽃들이 하나둘 꽃잎을 떨군다. 잠시 바깥 풍경을 멍하니 바라보다 운동화를 구겨 신고 서둘러 집을 나선다.

'이런 날을 놓칠 수 없지.'

밖으로 나서자 파란 하늘이 눈에 들어오고 잔잔한 바람이 머리카락을 스친다. 온 천지에게 그러하듯 나에게도 햇빛이 비춰 든다. 볕에 빳빳하게 잘 마른 빨래처럼, 눅눅했던 내 마음에도 알싸한 햇빛 냄새가 스며들어 한결 기분이 좋다. 몸의 기지개를 펴고 숨을 크게 쉬며 햇빛을 쐰 후 발걸음을 옮긴다. 오늘의 산책을 시작하려 한다.

나무의 길

걷는 길목마다 낯익은 나무들이 그 자리에 서 있다. 집 바로 앞에는 내 키보다 큰 푸른 사철나무가, 놀이터 옆 길모퉁이엔 수형이 멋들어진 단풍나무가, 신호등 앞에는 깊고 넓은 그늘을 주는 느티나무가 있다. 아파트 건물 옆으로는 하늘과 맞닿을 듯 줄지어 선 메타세쿼이어 군락이, 정자 주변에는 봄꽃을 알리는 왕벚나무 군락이, 학교 담장에는 산책길의 짙푸른 빛을 더하는 스트로브잣나무 군락이 무리 지어 동네를 감싼다. 이뿐이랴. 군데군데 아쉽지 않게 자리 잡은 감나무며 살구나무, 대추나무, 산사나무 열매는 새들을 불러들이고, 동그란 잎으로 존재감을 과시하는 커다란 계수나무는 가을이면 지나가는 사람들에게 달콤한 향내를 선사한다.

산수유에서 등나무로, 등나무에서 배롱나무로 이어지는 동네 길을 천천히 걷는다. 걸음걸음마다 그 자리를 지키고 있는 나무들이 눈에 들어오고 그 공간을 지나치면 또 다음 공간에서 살아가는 나무를 만난다. 나무가 공간이 되고 공간이 나무가 되는 길이다.

'오늘은 어때? 아, 어느새 잎이 나왔네?'

나무와 짧은 눈인사를 나누며 어제와 다른 오늘을 감지한다. 가까이 있는 나무의 꽃눈부터 저 멀리 바람을 따라 일렁이는 나뭇잎의 움직임까지 한걸음의 시간에 담아 나무의 길을 걷는다.

한 발짝 안의 세계

　　순간 무언가가 눈을 사로잡았다. 반사적으로 한 발 뒷걸음친다. 방금 지나친 나무 아래로 돌아가 위를 올려다본다. 지금 이 안에서 무슨 일이 일어나고 있는 걸까? 나뭇잎 사이를 유심히 살피다 깨금발을 하고 손을 뻗어 만져본다. 그것은 다름 아닌 열매다. 지난번 산책에는 전혀 눈치채지 못했는데 나뭇잎 사이에서 은밀히 소리도 없이 커가고 있다! 얼마 전 흐드러지게 만개했던 꽃의 황홀한 기억이 아직 머릿속에 생생한데 말이다.

'벌써 열매인가?'

풋풋한 연둣빛이 도는 열매를 괜스레 살짝 눌러본다. 퍽 딴딴하고 알찬 느낌이다. 눈을 돌려 주변을 살피니 나무 안은 이미 열매 천지다. '우와!' 나도 모르게 작은 탄성이 입 밖으로 흘러나왔다. 불과 한 발짝 안의 세계에 이런 광경이 펼쳐져 있을 줄이야! 누구라도 옆에 있다면 호들갑을 떨 텐데 아무도 없으니 놀라움을 목구멍으로 삼키는 수밖에.

좀 더 자세히 보고 싶은 마음에 가장 밑으로 늘어진 나뭇가지를 찾아 가까이 다가간다. 고개를 들이밀고 보니 열매 끝에 시든 꽃잎과 수술이 채 떨어지지 않았다. 꽃이 열매가 되어가는 시간을 고스란히 간직한 모습이다. 조심스레 꽃잎을 만져보려는데 힘없이 툭 떨어지고 만다. 어디로 갔지? 두리번거려 봤지만 그대로 사라지고 말았다.

꽃은 종적을 감추고 열매만 남았다. 아직 남아있는 꽃의 흔적도 결국 떨어져 열매의 시간 뒤로 사라질 것이다. 당연하고 자연스러운 과정이다. 다만 온 천지를 덮을 듯 화려했던 개화의 순간을 떠올리면 무수한 꽃들이 다 어디로 스러져갔는지 새삼 의아하다. 그럼에도 열매가 익어가는 시간과 공간으로 바뀐 나무는 오늘의 아름다움을 간직한다. 지난 시간을 아쉬워하기보다 나무가 보여주는 지금 이대로의 순간을 탐닉해야겠다.

땅의 단서들

'톡톡톡'

바람결에 무언가 바닥으로 떨어진다. 작은 콩처럼 생긴 녀석이다. 애써 올려다보지 않아도 누구인지 알겠다. 바로 느티나무다. 이미 오래 전에 만난 적이 있는 열매다. 어느 날 공원 벤치에 한가로이 앉아있는데 바람이 불 때마다 작은 콩 같은 것들이 머리와 어깨를 톡톡 치며 떨어졌다. 위를 올려다보니 잎이 빽빽한 느티나무가 서 있었다. 반가운 마음에 가볍고 경쾌한 소리를 내면서 떨어지는 열매를 몇 알 주워 요리조리 관찰했다. 모양은 어떤지, 얼마나 단단한지, 손톱으로 눌러도 보고 냄새도 살짝 맡아보았다. 네가 느티나무 열매구나! 평소에는 쉽사리 손에 닿지 않는 나뭇가지 사이의 열매를 나무 아래에서 눈을 게슴츠레 뜨며 올려다보곤 했는데, 때가 되니 바닥에서 자연스럽게 만난다. 그때의 기억 때문인지 조그만 콩 같은 것이 바닥에 보이면 얼른 다가가 몇 알 줍곤 한다.

또 언젠가는 길을 걷다 어여쁜 꽃송이를 발견했다. 아직 생기가 가시지 않은 핑크빛 무늬가 있는 흰 꽃이었는데 주변 땅에 드문드문 보이는 걸 보니 나무에서 금방 떨어진 것 같았다. 이 근처 나무임에 틀림없다 싶어 사방을 둘러보니 화단 안쪽에 만개한 칠엽수가 우뚝 서 있었다. 칠엽수다! 칠엽수라면 그 시원한 잎과 꽃이 좋아 어디서 만나건 잠시 서서 바라보게 되는 나무 중 하나다. 나도 모르게 눈이 휘둥그레졌다. 이토록 화려하게 꽃을 피운 칠엽수를 어째서 발견하지 못했을까? 무슨 이유에선지 그날의 나는 땅만 보며 걷고 있었나 보다. 그나마 땅에 떨어진 꽃송이를 보지 못했다면 그해의 칠엽수 꽃을 놓치고 말았을 게다. 나는 마치 얼어붙은 듯 그 자리에 서서 한참이나 나무를 올려다보았다. 내 눈길을 이끈 작은 꽃송이 하나를 손에 들고서.

낯선 나무 앞에서

　　우연히 접어든 새로운 길에서 잠시 걸음을 멈춘다. 얼핏 보아도 낯선 모양새의 나무가 눈에 감지됐다. 시선을 고정한 채 천천히 다가가서 본다. 혹시 어디선가 만난 적이 있는지 기억을 더듬어보지만 역시 처음 보는 나무다. 갑자기 호기심이 발동한다. 이름도 이름이지만 본 적 없는 모양의 잎과 촉감, 나뭇잎 사이에 매달린 묵은 열매의 구조, 나무가 이루는 전체적인 수형을 차례로 관찰하고 감상한다. 모든 형태가 새롭다. 나무를 파악하고 나니 부쩍 그 이름이 궁금해진다. 식물 앱으로 나무 이름을 찾고 대강의 특징을 읽어본다. '아, 네가 소사나무구나!' 어디선가 들어본 이름이다. 어렴풋했던 이름과 실제 나무가 눈앞에서 매치될 때면 여기저기 맴돌던 퍼즐 조각이 딱 끼워 맞춰지는 기분이다. 나의 나무 친구 목록에 이름을 하나 더 올리는 기쁨은 말할 것도 없다. 집 주변에 살고 있으니 이제 친해지는 건 시간문제다.

아는 나무보다 낯선 나무가 더 많던 시절에는 나무 이름을 외우는 데 급급했다. 마치 이름이 그 나무의 전부인 것처럼. 친한 나무가 하나둘 생기고 여기저기서 보고 또 보게 되면서 이름보다는 나만의 느낌으로 나무를 알아본다. 계수나무는 달랑거리는 동그란 잎의 귀여움으로, 은사시나무는 유난히 흔들리는 잎들이 자아내는 스산한 바람 소리로, 대추나무는 햇빛에 반사돼 반짝이는 황홀한 눈부심으로. 이렇게 느낌으로 나무를 기억하면 저 멀리 서 있어도 신기하게 금방 알아챈다. 마치 친한 친구를 인파 속에서 금방 찾아내듯이 말이다. 물론 그렇게 되기까지는 어느 정도 친해지는 시간이 필요하다.

오늘 만난 나무도 멀리서 알아볼 수 있을 만큼 친해지려면 자주 가서 들여다봐야 한다. 멀리서도 보고 가까이서도 보고, 잎이 피어날 때와 잎이 질 때, 발거벗은 후에도 봐야 한다. 그러다 보면 자연스럽게 그 존재가 어떤 느낌으로 내 안에 들어온다. 규정하지 않아도, 일부러 아는 체하지 않아도 스며들듯 편안히 친구가 된다.

오늘의 흔적들

산책을 마치고 돌아오는 길, 내 손엔 언제나 그렇듯이 나뭇잎과 열매 몇 개가 쥐어져 있다. 초록빛이 감도는 측백나무 열매와 꽃받침에 조롱조롱 매달린 산수유 열매, 부드러운 감촉의 메타세쿼이아 잎과 오늘 처음 만난 잎 등이다. 손이 모자라 주머니 속에도 넣었는데 집까지 무사할지 모르겠다.

도착하자마자 손에 든 것과 주머니를 뒤집어 수집한 조각들을 책상 위에 올린다. 꺼내어 보면 오는 길에 말라버린 녀석들도 있다. 아쉽지만 어쩔 수 없는 현상이다. 나무에서 떨어지는 순간, 생기는 사라지기 마련이니까. 곧 말라버릴 걸 알면서도 집으로 데리고 오는 데는 별 이유가 없다. 그저 오랫동안 나무 산책을 하며 생긴 습관이자 오늘 하루를 보내는 아쉬움의 표현 정도다. 그럼에도 몇몇 녀석은 잘 말라 내 곁에 오래도록 남는다. 그저 무심히 두었을 뿐인데 고맙게도 부서지지 않고 제 모습을 간직한다. 물론 색은 흐려지고 물기는 없지만 그날의 기억만큼은 그대로 저장하고 있다. 나의 소소한 수집품들은 의도치 않게 산책의 기록으로 남는다.

대수롭지 않은 오늘의 산책도 끝이 났다. 늘 그렇듯 길을 걷고, 나무를 바라보고, 그 앞에서 잠시 멈추고, 서성이고, 줍고, 다시 걷기를 반복한다. 활동은 매번 똑같지만 내 손과 주머니에 들어오는 것은 단 한 번도 같은 적이 없다. 계절은 흐르고 나무는 변화하며 그 안에 서 있는 나는 그저 그날의 흔적을 따고 주울 뿐이다. 다시 돌아오지 않을 순간을 주머니에 넣으며.

잎의 형태 이해하기

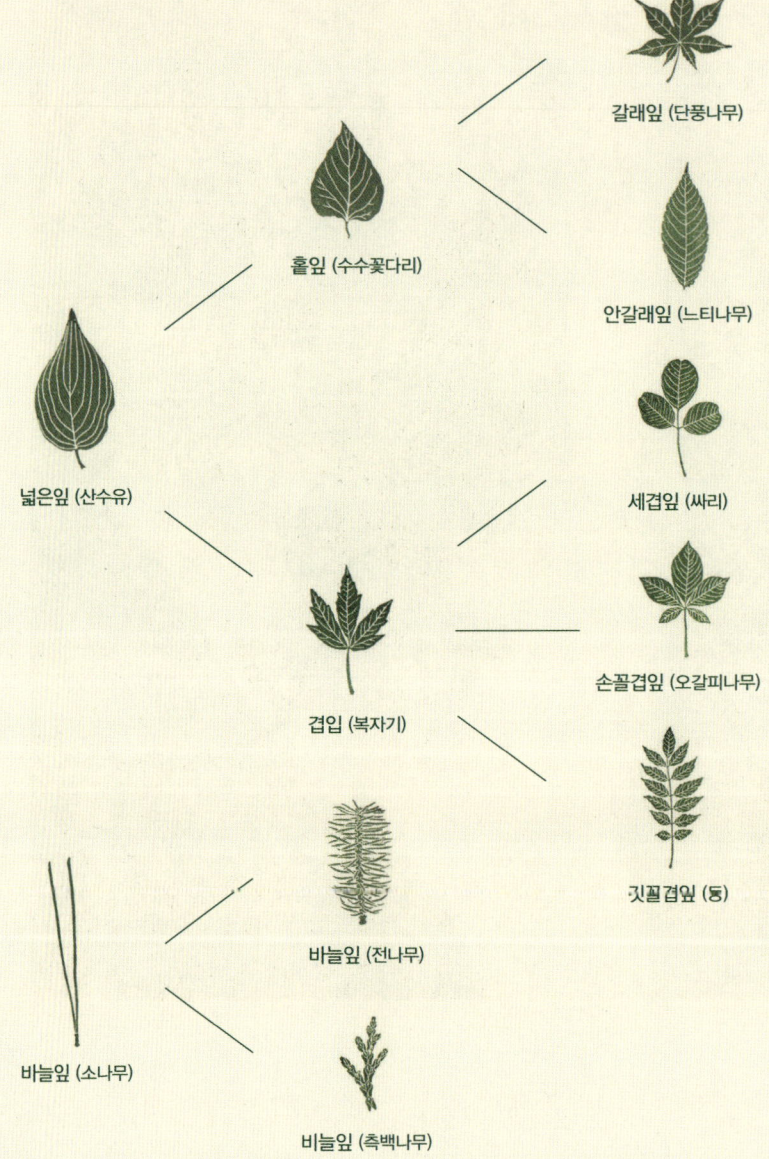

갈래잎 (단풍나무)

홀잎 (수수꽃다리)

안갈래잎 (느티나무)

넓은잎 (산수유)

세겹잎 (싸리)

손꼴겹잎 (오갈피나무)

겹입 (복자기)

깃꼴겹잎 (등)

바늘잎 (전나무)

바늘잎 (소나무)

비늘잎 (측백나무)

우리가 자연에서 만나는 나뭇잎은 크게 바늘잎과 넓은잎으로 구분한다. 침엽수 잎은 대체로 바늘 모양이고 활엽수 잎은 평평한 면을 지닌 넓은 형태다. 바늘잎은 다시 바늘잎과 비늘잎으로 나뉘는데 바늘잎은 말 그대로 가늘고 뾰족한 모양, 비늘잎은 비늘이 겹쳐진 모양의 잎을 일컫는다.

넓은잎의 경우, 잎자루에 붙은 잎몸의 개수에 따라 잎몸이 한 개면 홑잎, 여러 개면 겹잎이라고 부른다. 홑잎 중에도 잎몸의 가장자리가 몇 갈래로 갈라진 것은 갈래잎(또는 결각잎), 갈라지지 않은 것은 안갈래잎이라고 부른다. 겹잎은 작은 잎의 개수와 서로 붙어있는 방식에 따라 세겹잎, 손꼴겹잎, 깃꼴겹잎 등으로 나뉜다. 세겹잎은 잎자루 하나에 작은 잎 세 장이 붙어있고, 손꼴겹잎은 작은 잎 여러 장이 방사형으로 붙어 손 모양으로 보인다. 이름도 어려운 깃꼴겹잎은 잎자루 양 옆으로 여러 장의 작은 잎이 마주보고 있어 마치 새 깃털처럼 생겼다.

나뭇잎의 구조와 명칭

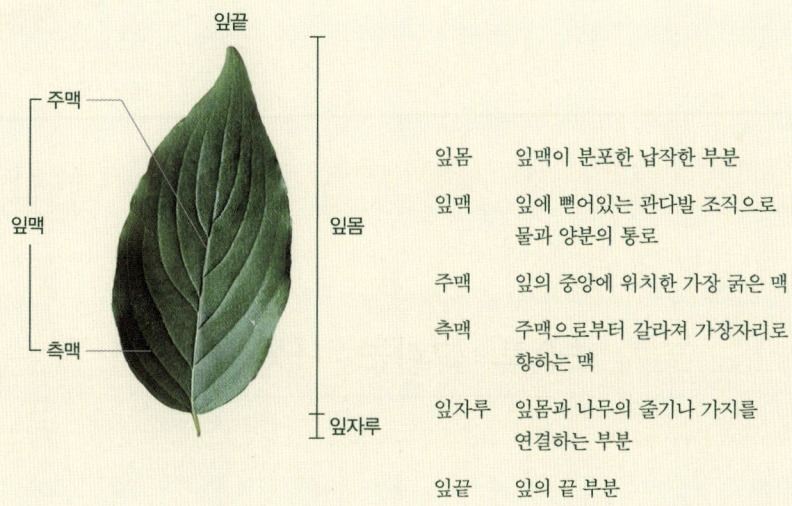

잎끝

주맥

잎맥

측맥

잎몸

잎자루

잎몸	잎맥이 분포한 납작한 부분
잎맥	잎에 뻗어있는 관다발 조직으로 물과 양분의 통로
주맥	잎의 중앙에 위치한 가장 굵은 맥
측맥	주맥으로부터 갈라져 가장자리로 향하는 맥
잎자루	잎몸과 나무의 줄기나 가지를 연결하는 부분
잎끝	잎의 끝 부분

2

스
케
치

손으로 그리는 나뭇잎

마음이 가는 잎

산책 중에 모은 수집물 가운데 나뭇잎들만 골라 한곳에 모아본다. 심장 모양의 잎부터 잎자루가 긴 갈래잎, 뾰족한 톱니와 뭉뚝한 톱니의 잎까지 형태가 다채롭다. 눈을 크게 뜨고 하나씩 들여다보니 나뭇잎의 내부가 마치 거대한 우주 같다. 톱니가 그리는 선은 물결처럼 유연하고 부드러우며, 잎 전체로 퍼져나간 잎맥은 끝이 보이지 않는 섬세한 그물이다. 잎몸은 초록 그 자체를 발현하며 태초의 색을 보여준다. 느긋이 앉아 탐색하다 고개를 돌려 창밖을 바라보니 저 멀리 셀 수 없이 많은 나뭇잎이 바람에 나부낀다. 저 모두가 자기만의 우주를 품고 있다.

나뭇잎은 스탬프와 궁합이 좋다. 스탬프를 만들면서 나뭇잎의 아름다움에 더욱 열광하게 되는 이유다. 일반적으로 나무를 그림으로 그리면 꽃과 열매가 주인공이지만 스탬프에서는 나뭇잎이 주인공이 된다. 스탬프는 잎마디의 흥미로운 평면 구조를 드러내기에 효과적일 뿐 아니라 눈으로 잘 인식되지 않는 특성을 더욱 선명하게 보여준다. 스탬프를 만들며 나뭇잎의 아름다움에 빠져들면 나무를 볼 때 잎만 보게 되는 마법에 걸린다.

모든 잎이 초록 계열 안에 머물며 미묘하게 보이는 차이 또한 즐길거리다. 나무별, 계절별로 변해가는 색 변화는 같은 구조의 잎이라도 전혀 다른 느낌을 준다. 일상에서 대수롭지 않게 마주치는 나뭇잎이라는 존재가 스탬프와 결합해 만들어내는 즐거움은 익숙하면서도 가히 새로운 무엇이다.

자, 오늘은 어떤 잎을 그려볼까? 가장 인상적인, 혹은 마음이 가는 잎을 찾는다. 조금 복잡해 보여도 괜찮다. 빨리 잘 그리고 싶은 조급한 마음이 문제일 뿐, 잎의 구조를 하나씩 풀어내며 그리면 어려울 게 별로 없다. 스케치는 잎의 형태를 정확히 이해하고 그것을 선으로 표현하는 과정이니 그릴수록 복잡하게 얽히는 게 아니라 얽혔던 실타래를 풀 듯 편안해진다. 깊이 관찰하고 이해한다면 그림은 쉽게 진행된다.

나뭇잎 하나를 골라 스케치북 위에 놓는다. 그리고는 흰 종이 위에 사각거리는 소리와 함께 연필을 움직이기 시작한다.

선의 그림

    나뭇잎을 바라보며 하나의 중심선을 쓱 긋는다. 생각했던 기울기와 조금 다르다. 지우개로 지우고 다시 그어본다. 고개를 갸웃거리다가 이번에도 마음에 들지 않아 지우개를 집어 든다. 그렇게 선을 그리고 또 다시 그린다. 머릿속의 바로 그 선이 될 때까지 몇 번의 수정을 이어간다.

간결한 선으로만 이루어진 도안 그림은 명암이나 세부적 묘사가 필요 없어 특별한 기교 없이 그릴 수 있다. 종이 위에 눈에 보이는 대상의 윤곽선만 옮기면 되니 그림을 많이 그려보지 않은 사람도 비교적 쉽게 접근할 수 있다. 다만 선으로만 표현되는 만큼 선 하나의 무게가 가볍지 않다. 그리는 기법은 단순하나 선 안에 관찰의 시간과 깊이가 고스란히 담기기 때문이다. 무수히 보고 관찰하면서 그린 선과 고심의 과정 없이 무심히 그린 선의 차이는 실로 크다. 평이함과 무감각을 넘어서려면 끊임없이 관찰하고 그것을 정확히 옮기려 애쓰는 과정이 꼭 필요하다. 간결하고 명확한 선은 결코 단숨에 나오지 않는다.

고유의 구조

　　나무마다 나뭇잎이 모두 다르게 생겼다는 건 참 흥미롭다. 실제로 주변의 나뭇잎을 몇 개 따서 한곳에 모아놓고 비교와 대조를 해보면 머릿속으로만 알던 사실을 눈으로 확인할 수 있다. 갖가지 잎몸의 형태는 물론이고 톱니, 잎맥 등 무엇 하나 같은 것이 없다. 외부 형태뿐 아니라 잎의 질감과 앞뒷면의 색 차이, 두께, 털의 유무와 촉감까지 더하면 잎의 세계는 그야말로 무궁무진하다. 잎 하나를 그림으로 제대로 표현하는 일이 진정 불가능하다고 느껴지는 이유다.

이처럼 나뭇잎은 수많은 구성요소로 이루어져 있지만 스탬프를 만들기 위한 스케치에서는 잎몸, 잎맥, 잎자루의 형태만 표현한다. 가장 기본적인 잎의 요소와 구조에 집중하는 것이다. 그림이 단순하다고 여겨질 수 있겠으나 이는 나뭇잎을 이해하는 첫걸음이자 그 형태를 선명히 인식하는 지름길이다. 매일 무수한 나뭇잎을 보고 지나치면서도 마음속에 남아있는 형상이 없는 것은 잎의 기본 구조를 인지하지 못하고 흘려보내기 때문이다. 잎몸과 잎맥, 잎자루가 드러내는 잎의 고유한 구조에 집중하면 세상의 나무들이 얼마나 치열하게 자기만의 형태를 만들고 강화해 왔는지를 새삼 깨닫게 된다. 다양성이란 고유성을 진심으로 이해할 때 더욱 경이롭게 다가온다.

전체에서 부분으로

　　관찰화를 그릴 때 대상을 바라보는 두 가지 방법이 있다. 하나는 눈을 반쯤 감아 대상의 전체적인 방향성과 실루엣을 감지하는 것이고, 다른 하나는 눈을 크게 떠서 대상의 내부를 구석구석 관찰하는 것이다. 나뭇잎을 그릴 때도 두 가지 방법을 모두 쓴다. 순서로 보면, 먼저 눈을 작게 뜨고 큰 형태를 감지해 범위를 잡은 후 점차 눈을 크게 떠 세부를 그려가는 방식이다. 이 순서가 바뀌면 그림을 몇 번이고 지워야 하는 상황이 발생한다. 전체는 부분의 변형을 용인하지만 부분은 전체의 변형을 용인하지 않기 때문이다.

스케치북 위에 놓인 잎은 크게 봐서 어떤 모양인가? 원형, 타원형, 심장형, 물방울형, 삼각형 등 어느 범주에 속하는지 마음속으로 찾아본다. 나뭇잎의 첫인상인 큰 실루엣을 잡는 것이다. 이렇게 잎몸의 형태를 찾고 나면 잎몸과 잎자루의 길이를 짧은 선으로 표시해놓고 나뭇잎의 중심축인 주맥을 긴 선으로 얼추 그린다. 그 다음, 가로로 가장 튀어나온 부분의 위치를 찾아 표시하고 이를 기준으로 처음에 파악했던 잎몸의 형태를 어림잡아 그려나간다. 그러면 눈을 반쯤 감고 나뭇잎을 보았을 때와 유사한 실루엣이 드러난다.

다음으로는 주맥에서 빠져 나오는 측맥의 자리를 잡는다. 이때도 여전히 반쯤 감은 눈으로 측맥의 위치와 방향에 집중한다. 아직 어림잡아 자리를 잡는 단계이지만, 신중히 관찰해 표현할수록 다음 과정이 수월해진다.

어느 정도 큰 범위가 잡히고 나면 눈 확대경의 배율을 올린다. 전체에서 부분으로 옮겨갈 차례다. 눈을 크게 뜨고 각 부분의 형태를 찾아 나간다. 잎 가장자리의 자잘한 톱니라던가 잎맥이 그려내는 굴곡들, 잎자루의 굵기 변화가 비로소 눈에 보이기 시작한다. 확대경의 배율을 점점 높이는 사이 나뭇잎의 형태는 구체화되고 부드러워지며 점점 생명력을 얻는다.

자연의 선

확대경을 최대치로 끌어올려 관찰하면 좀 전에는 곧아 보였던 주맥과 잎
자루가 미묘하게 휘어지고 힘 있게 쭉 뻗은 측맥이 잎의 결을 따라 미세하게
흔들리는 것이 느껴진다. 그 어디에도 직선이 없다. 쭉 그었던 선을 살짝 지워
위치와 방향성은 유지하되 부드러운 곡선으로 대체한다. 하지만 그것이 끝이
아니다. 곡선 안에는 또 다른 무수한 굴곡들이 기다리고 있다.

자연의 선은 시작도 끝도 없는 곡선의 춤이다. 그리려고 자세히 들여다본 자
만이 그 춤의 진정한 관객이 된다. 끝나지 않을 춤에 무력감이 밀려들기도 하
지만 나의 한계를 인정하면 즐길 수 있다. 그저 가능한 범위에서 그리면 그만
이다. 다만 자연의 선을 그리려 애쓰는 마음은 중요하다. 그 관찰과 노력이 처
음에는 플라스틱처럼 딱딱하고 무감각해 보이던 잎 모양을 점차 사랑스럽고
보드라운 생명의 잎으로 변화시키기 때문이다. 자연의 선은 언뜻 평이하고 무
감각해 보이던 형태에 생명을 불어넣는 힘이 있다. 그 힘을 아는 이상 나뭇잎
에 딱딱한 직선을 그대로 두는 우는 절대 범하지 않게 된다.

스케치를 위한 준비

스케치는 스탬프에 새길 나뭇잎의 도안을 그리는 단계로, 간단하고 명확한 선으로 표현한다. 단순한 선의 그림이라고 하나 잎의 구조를 이해해야만 정확히 그릴 수 있다. 구조가 복잡한 잎일수록 그렇다. 나뭇잎 스탬프의 밑바탕이 되는 그림인 만큼 세심한 관찰을 통해 나뭇잎의 형태를 충실히 표현해보자.

○ 필요한 도구

종이 – 스케치북 또는 일반 종이
연필 – 세밀한 표현을 위한 샤프, 혹은 미술용 연필(2B 이하)
지우개 – 그림 수정을 위한 미술용 지우개

○ 나뭇잎을 그리는 순서

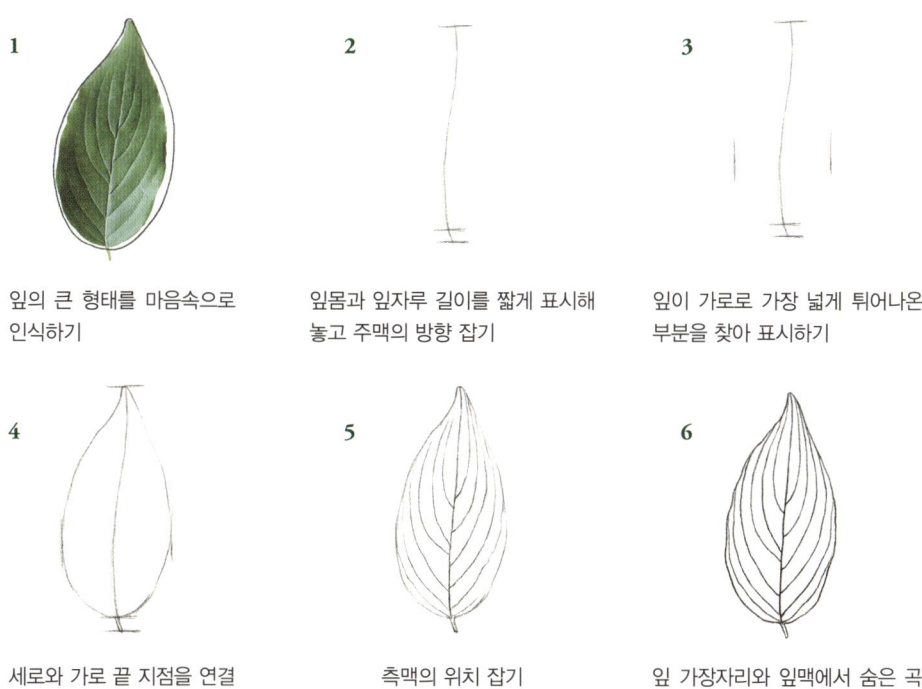

1

잎의 큰 형태를 마음속으로
인식하기

2

잎몸과 잎자루 길이를 짧게 표시해
놓고 주맥의 방향 잡기

3

잎이 가로로 가장 넓게 튀어나온
부분을 찾아 표시하기

4

세로와 가로 끝 지점을 연결
하며 잎의 큰 형태 잡기

5

측맥의 위치 잡기

6

잎 가장자리와 잎맥에서 숨은 곡
선을 찾아 그리기 (+톱니 표현하기)

나뭇잎을 작게 그리고 싶을 때

그림 크기가 곧 스탬프 크기가 된다. 실제 나뭇잎 크기가 너무 클 경우,
그리기 단계에서 원하는 크기로 줄여 그려야 한다. 임의로 작게 그리기
가 어렵다면 휴대폰 사진을 활용해보자. 나뭇잎을 사진으로 찍어 원하
는 크기로 줄인 다음 화면과 실제 잎을 함께 관찰하며 그리면 수월하다.

나뭇잎 형태별로 그리기

관찰은 나뭇잎을 그리는 최선의 방법이자 자세이다. 관찰을 통해 나뭇잎의 구조를 정확히 이해하고 그에 맞게 표현하면 결과는 따라오게 마련이다. 다만 효율적인 방법을 알면 그 과정을 단축하고 좀 더 쉽게 그릴 수 있다.

이 장에서는 나뭇잎의 큰 형태별 구조를 살펴보면서 효과적으로 그리기 위한 팁을 소개하겠다. 가장자리가 매끈한 홑잎부터 가장자리에 톱니가 있는 잎, 가장자리가 깊이 갈라진 결각잎, 그리고 바늘잎과 비늘잎, 형태가 가장 복잡한 겹잎의 순서로 점차 난이도를 높여가면서 그리는 연습을 해보자.

난이도1 │ 가장자리가 매끈한 홑잎
회양목 / 산수유 / 수수꽃다리 / 백목련

난이도2 │ 톱니가 있는 홑잎
왕벚나무 / 사철나무 / 개나리 / 느티나무

난이도3 │ 결각잎 (가장자리가 갈라진 잎)
무궁화 / 양버즘나무 / 담쟁이덩굴 / 단풍나무

난이도4 │ 바늘잎 · 비늘잎 · 겹잎
소나무 / 등 / 측백나무 / 모감주나무

회양목

회양목 잎은 어린아이 손가락 한 마디 정도로 작은 타원형이다. 위쪽은 둥글고 아래로 갈수록 좁아진다.

주맥이 굵고 두드러져 보이며 측맥은 얇고 가늘게 뻗어 눈에 잘 띄지 않는다.

잎몸의 선이 잎자루로 날렵하게 여겨되며, 잎자루는 짧다.

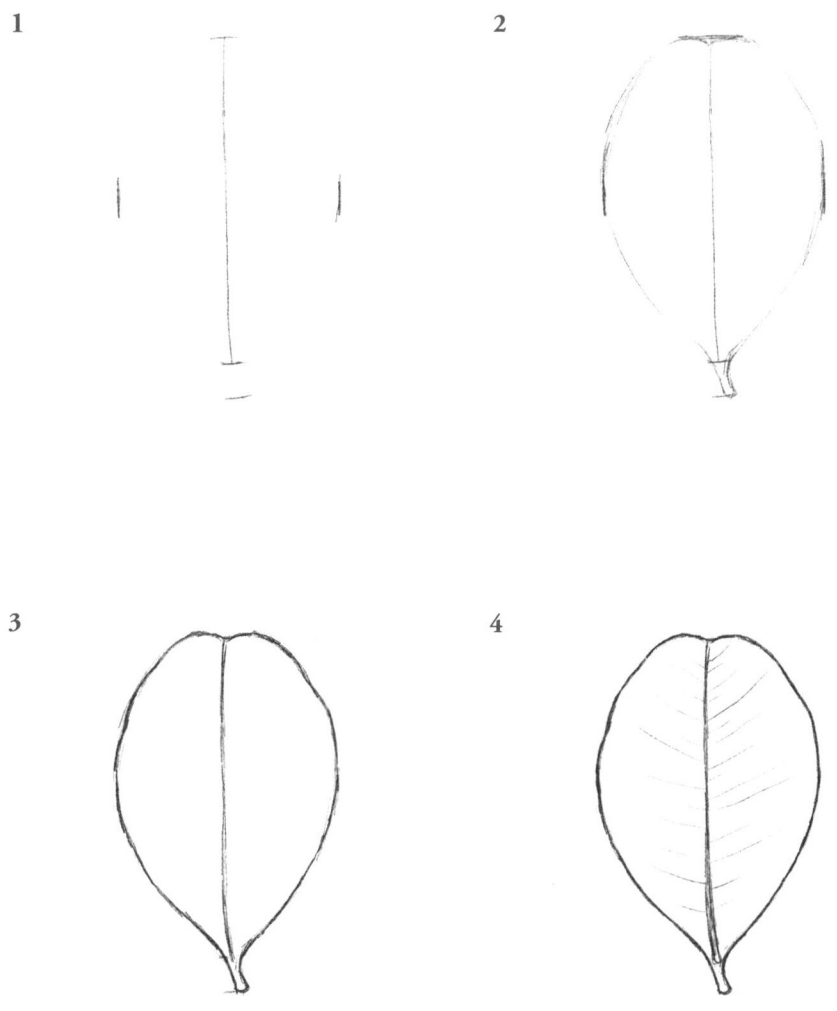

1

2

3

4

🍂 형태가 단순해 보이지만 매끄러운 잎 가장자리의 미세한 굴곡을 찾아 그려야
  자연스러운 느낌이 난다. 주맥을 직선으로 그리지 않도록 주의한다.

산
수
유

산수유 잎은 물방울
모양의 긴 타원형으
로 잎끝이 길고 뾰
족하다.

가장자리는 톱니
없이 매끈하지만
굴곡이 있다.

중심축인 주맥이 선명하고
양쪽으로 4~7쌍의 측맥이
긴 포물선을 그리며 뻗어 올
라간다. 일렬로 잎끝을 향해
올리기는 모양새다.

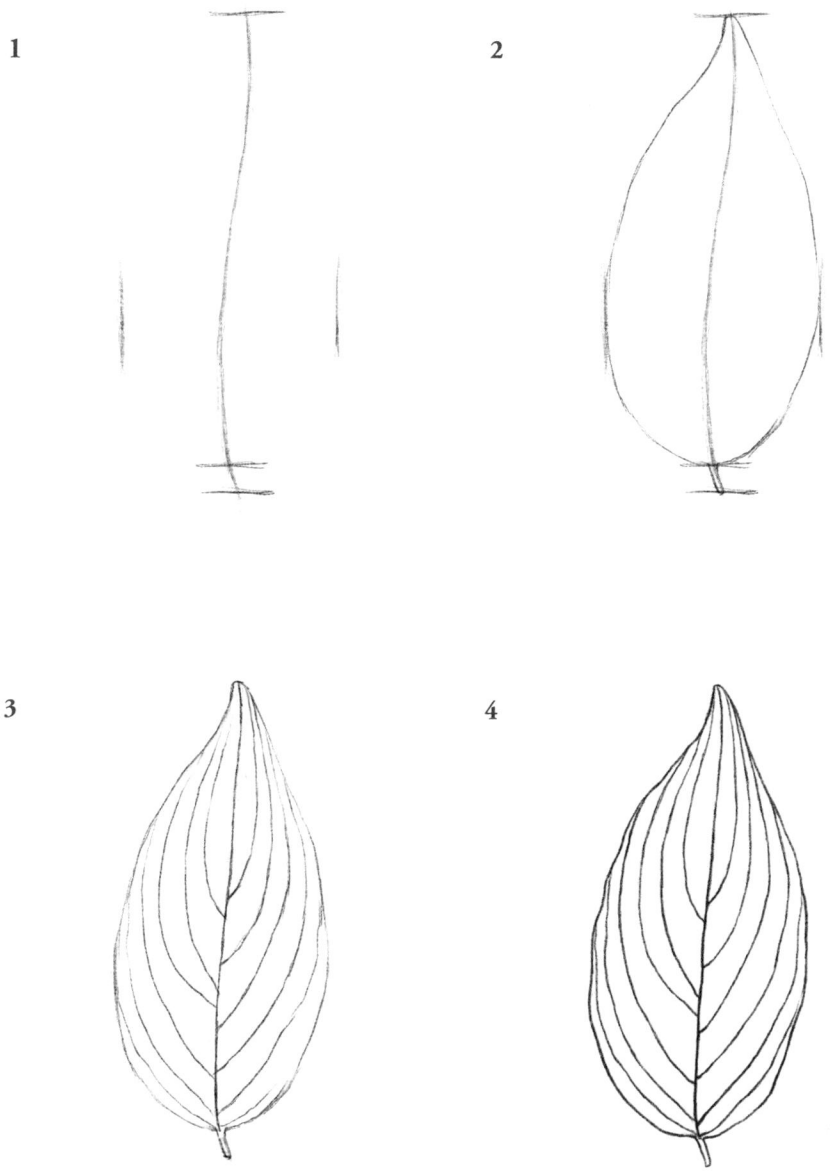

1

2

3

4

🌿 측맥이 둥글게 뻗어 올라가면서 만드는 선이 특징이다. 잎끝을 향해
  말려 들어가며 사라지듯 그린다. 잎 가장자리의 부드러운 굴곡도 세
  심히 관찰해 표현한다.

수수꽃다리

수수꽃다리 잎은 살짝 세모꼴로 가운데가 깊이 파이지 않은 심장 모양이다.

잎 가장자리가 밋밋하고 잎끝은 뾰족하다.

선명한 주맥을 중심으로 측맥이 가지런히 올라가며 갈라진다.

1

2

3

4

🍃 잎몸과 잎자루의 방향성을 잘 살리고 잎끝을 뾰족하게 표현한다.
다소 밋밋해 보이는 가장자리에서 세부적인 굴곡을 찾아 살려준다.

백
목
련

윗부분이 넓지만
잎끝에서 갑자기
뾰족해진다.

백목련 잎은 거꿀달걀형으로,
아래쪽이 좁고 위로 갈수록
무게가 실리는 모양새다.

잎의 실제 길이가
10~15cm 정도로
크다.

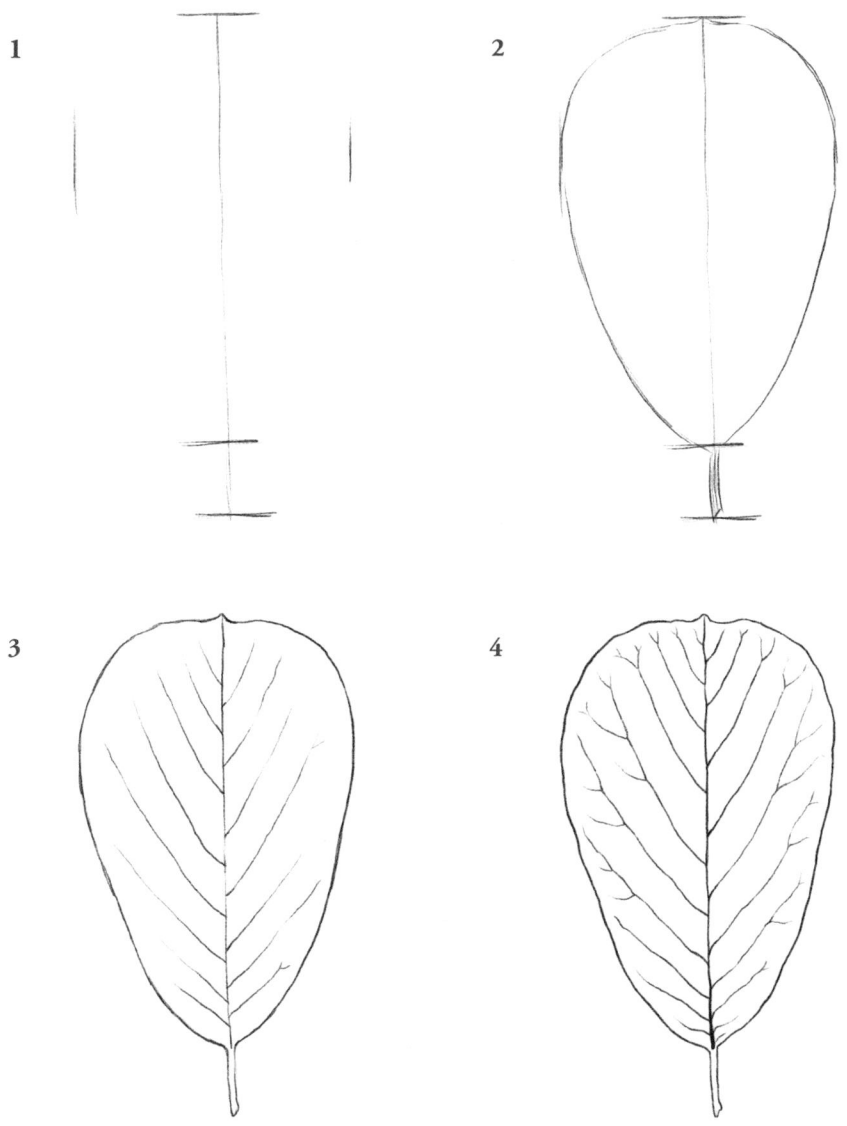

🍃 실제 잎의 형태를 관찰하며 첫인상을 살려 그린다. 잎에서 가장 넓은 위치가
  어디인지 파악하고 연결선을 찾으면 정확한 형태를 잡을 수 있다.

왕벗나무

잎끝은 뾰족이 올라가고 가장자리에 날카로운 침 형태의 자잘한 톱니가 나 있다. 전체적으로 겹톱니에 홑톱니가 섞이기도 한다.

톱니의 형태:
뾰족한 겹톱니

왕벗나무 잎은 전체적으로 타원형이고 약간 거꿀달걀형인 것도 있다.

잎몸과 잎자루가 만나는 부분에 작고 둥근 꿀샘이 있다.

🍃 톱니 한 개의 형태를 자세히 관찰한다. 톱니마다의 뾰족한 정도와 촘촘한 간격을 인지하면서 잎의 끝, 중간, 아래 부분까지 이어지는 변화를 살핀다. 톱니를 상세히 그리기엔 그림이 작지만 비례에 맞게 그려야 느낌이 산다.

사 철 나 무

톱니의 형태 :
끝이 조금 둔탁하고
골이 깊지 않은 모양

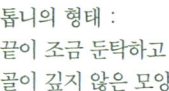

가장자리에 둔탁한 톱니가
있는데 끝이 뾰족하지 않고
다소 둥근 느낌이다.

사철나무 잎은 긴 타원형이다.
중앙에 선명한 주맥이 뻗어있고
그 양옆으로 측맥이 조금 넓은
간격으로 빠져 나온다.

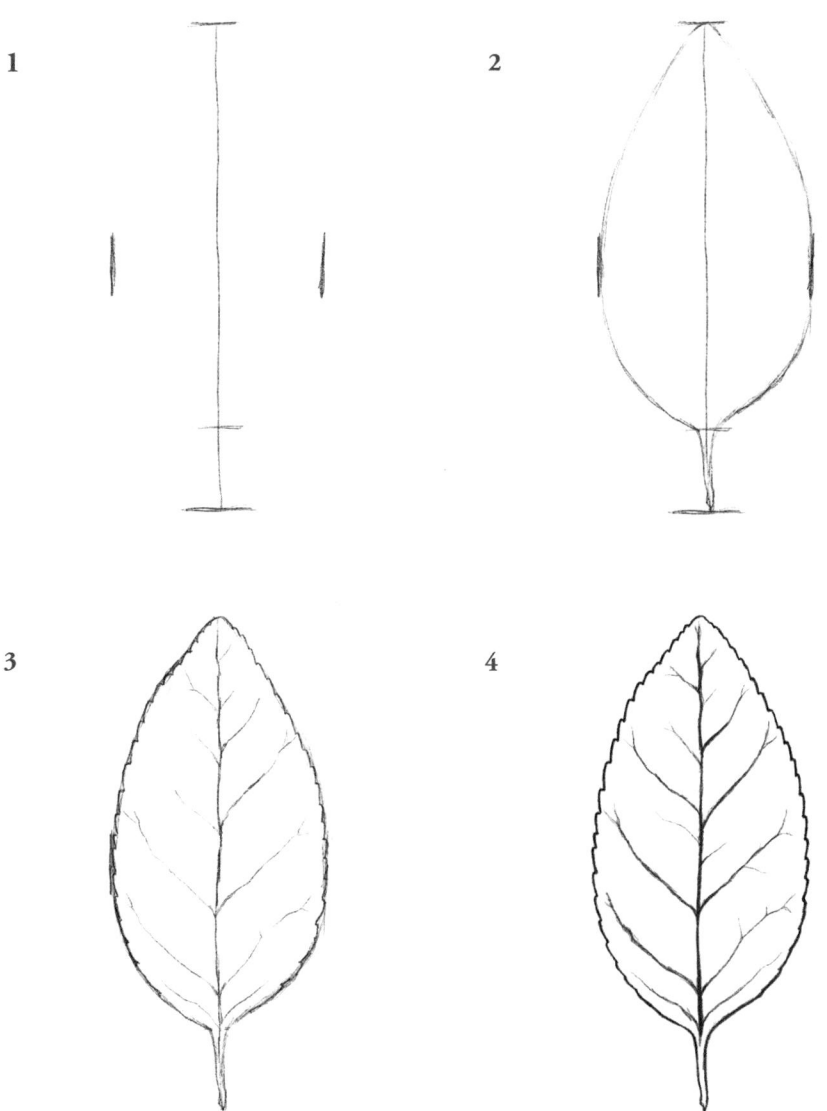

1

2

3

4

🍃 톱니의 둥근 형태를 잘 살핀 후 잎 크기와의 비례를 생각하며 그린다.
측맥이 뻗어 나간 간격과 곡선의 움직임도 잘 관찰한다.

개
나
리

톱니의 형태:
끝이 날카롭고 뾰족함

개나리 잎은 긴 타원형이며
잎끝은 뾰족하다.

잎 아래쪽은 밋밋하다가
위로 올라가면서 톱니가
생긴다. 날카로운 톱니가
잎 중간부에서는 제법 크
지만 잎끝으로 갈수록 작
아진다.

주맥을 중심으로 측맥이 톱니를
향해 위쪽으로 뻗어 올라가는
모양새다.

1

2

3

4

🖤 주맥의 방향성에 유의하며 미세한 곡선을 찾아 그린다. 톱니가 없는 곳도
   있고 크기와 간격이 다 다르므로 변화를 잘 관찰하면서 자연스럽게 표현
   한다.

느티나무

톱니의 형태:
둥근 곡선 모양에
끝이 뾰족함

느티나무 잎은 긴 타원
형으로 잎끝이 뾰족하고
잎자루는 짧다.

톱니가 굵고 큼직한 편이며
선명한 측맥과 끝이 맞물리
는 구조다.

잎몸 아래쪽이
비대칭이다.

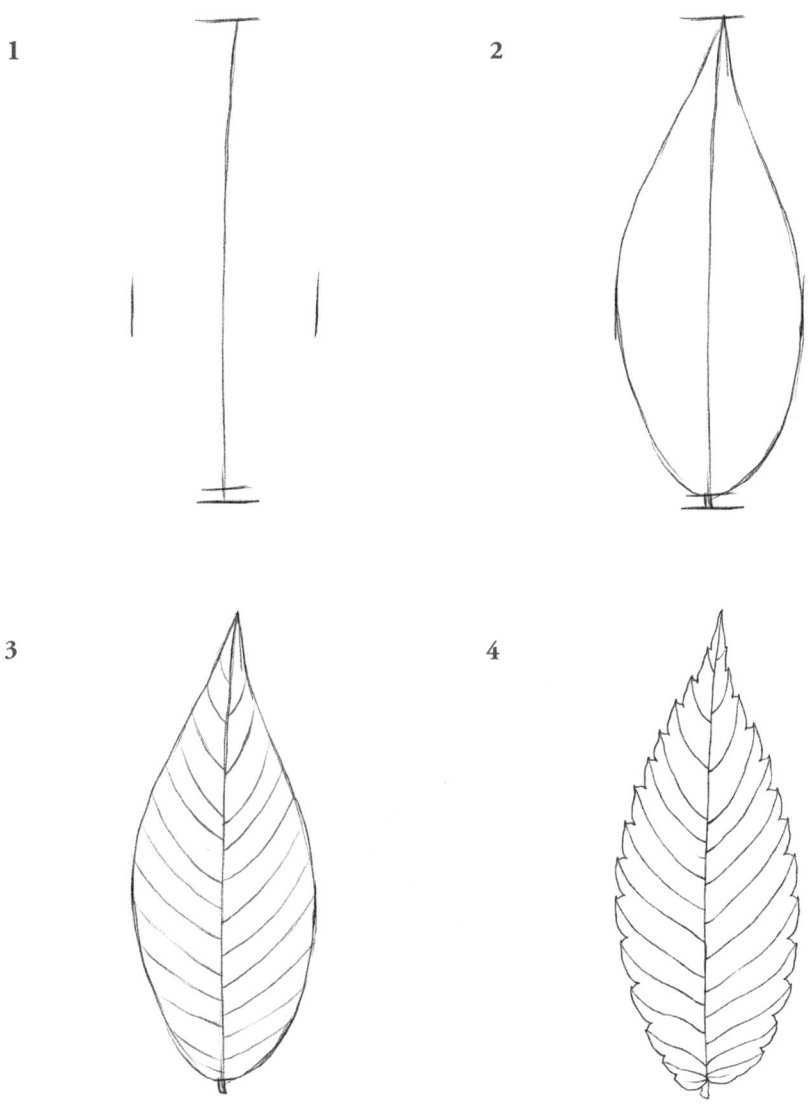

🍃 측맥과 톱니의 관계를 인지해 끝이 잘 맞물리도록 그린다. 측맥을 먼저 그린 후
   잎 가장자리에서 톱니와 만나는 형태를 그려 넣으면 효과적이다.

무
궁
화

무궁화 잎은 마름모 형태를
띠며 크게 세 갈래로 갈라
진다. 가운데 갈래의 끝은
뾰족하지만 양쪽 갈래의 끝
은 둔탁하다.

잎 가장자리에는 큼직한 톱니가
둥글거나 뾰족한 형태로 불규칙
하게 나 있고 그 끝에 잎맥이 연
결돼 있다.

잎몸 아랫부분에서 주맥
세 개가 뻗어 나와 각각
갈래잎의 중심축이 된다.

1

2

3

4

🍂 세 개의 주맥과 갈래잎의 끝이 만나는 지점이 잎의 큰 형태를 좌우한다.
큰 실루엣을 잘 잡으면 다음 단계 표현이 수월해지므로 그 위치를 정확
히 찾도록 한다. 톱니의 형태가 균일하지 않으므로 하나하나의 크기와
모양을 관찰하며 그린다.

양버즘나무

양버즘나무 잎은 세로보다
가로가 더 넓은 형태다.

잎몸이 크게 3~5갈래로
갈라지는 결각형으로 각 끝
이 뾰족하게 솟아있고 가장
자리에 작은 톱니도 있다.

굵은 주맥이 잎몸 아래에서부터 방사형으로 뻗어나가고
그 양옆으로 측맥이 뻗어나와 전체적으로 부채처럼 펼
쳐진다.

1

2

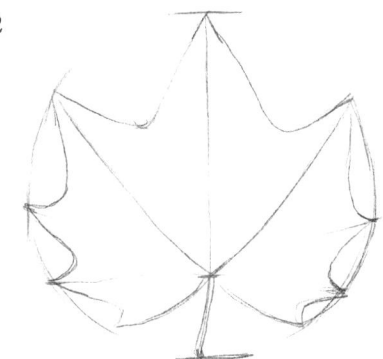

3

4

🍃 잎자루 아래를 기점으로 각 잎끝을 연결하는 큰 타원형이 기본 틀이다.
그 위치를 먼저 잡고 세 개의 주맥을 그린 후 결각 형태를 그려나가야
탄탄한 구조가 완성된다.

담쟁이덩굴

담쟁이덩굴 잎은 넓은 달걀형으로 잎몸이 보통 세 갈래로 갈라진다. 하지만 간혹 갈라지지 않은 잎도 발견되며, 어린 잎의 경우 세 장으로 분리된 세겹잎도 볼 수 있다.

갈라진 잎의 끝부분은 뾰족하고 가장자리에 다소 불규칙하게 굵은 톱니가 나 있다.

잎몸과 잎자루가 만나는 곳에서 시작된 주맥은 갈라진 잎의 끝까지 뻗어나가고 그 주변으로 측맥이 갈라져 나온다.

잎자루는 매우 길다.

1

2

3

4

🌱 먼저 잎몸과 잎자루의 비례를 살펴 위치를 잡은 후 잎자루의
가늘고 긴 곡선을 그린다. 세 개의 주맥을 먼저 그린 후 톱니
와 잎맥의 맞물림을 잘 관찰하면서 그리면 수월하다.

단
풍
나
무

톱니 모양 :
뾰족한 형태로 2회
겹쳐져 있다.

단풍나무 잎은 잎몸이
5~7갈래로 나뉘어 손가
락을 쫙 편 모양처럼 보
인다. 갈라진 각 조각이
길고 끝이 뾰족하며 가
장자리에는 겹톱니가 나
있다.

주맥은 잎몸과 잎자루가 만나는
부분에서 시작해 각 갈래의 끝
까지 길게 뻗어나간다.

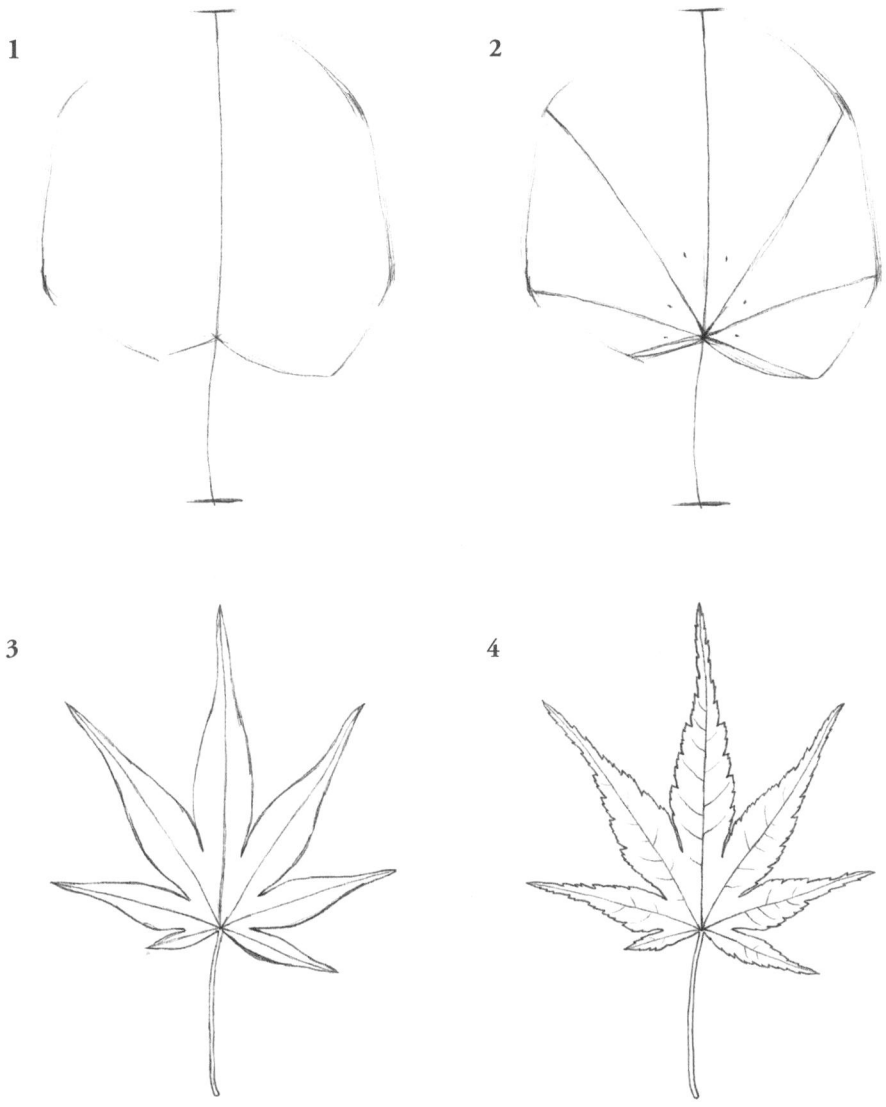

🍂 잎의 골격이 되는 주맥의 길이와 위치를 정확히 잡는 것이 중요하다. 주맥과
　　주맥 사이에 결각이 생기는 지점을 점으로 표시하고 그 점과 잎끝을 곡선으
　　로 연결하며 형태를 잡는다. 톱니는 맨 나중에 그린다.

소
나
무

잎끝이 뾰족해 보이지만
손으로 만져보면 그리 따
갑지 않다.

소나무 잎은 긴 바늘 형태다.
두 개가 한 묶음으로, 아랫부
분은 비늘 조각에 싸여 있다.

바늘 같은 잎이 비슷한 굵기로
가늘게 이어지다가 끝에서 침
모양이 된다.

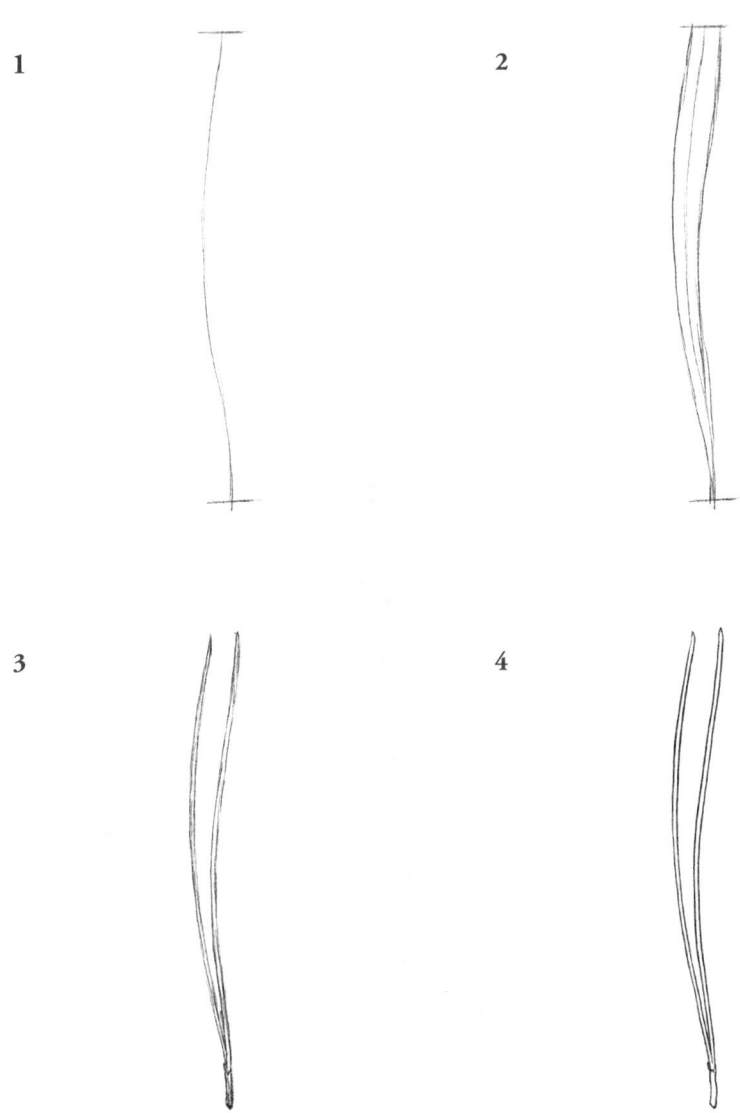

1

2

3

4

🍃 잎이 가늘고 긴 형태여서 두께 표현에 유의해야 한다. 두께감을 일정하게
유지하면서 곡선의 유연성을 살리는 것이 중요하다. 비늘로 싸인 잎자루
부분도 잘 관찰해 그린다.

등

작은 잎 여러 장이 모여
깃털 모양을 이룬 깃꼴
겹잎이다.

각각의 잎끝은 뾰족
하고, 잎 가장자리
는 밋밋하나 약간
조글조글한 굴곡이
져 있다.

기다란 잎자루 양옆으로
13~19장의 작은 잎이 마
주 달리며 전체적으로 타
원형을 이룬다.

아래로 갈수록 잎의
크기가 작아진다.

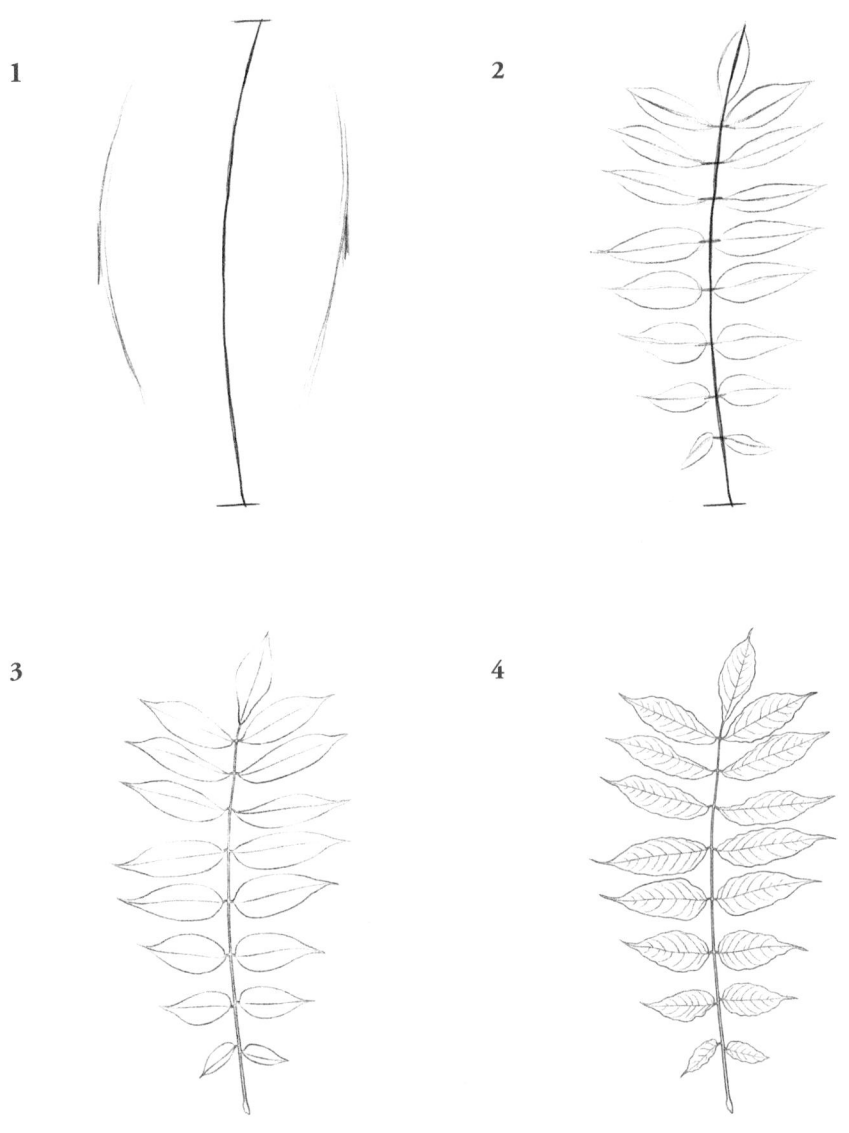

🍂 중심축을 이루는 잎자루의 방향성에 유의한다. 잎자루에서 빠져나온
작은 잎들의 주맥을 그리며 전체적인 형태를 잡는다. 작은 잎 하나 하
나의 곡선이 잎의 활력과 생기를 표현하는 데 중요한 포인트다.

측백나무

측백나무 잎은 작고 납작한
잎들이 비늘처럼 포개져 있
는 '비늘잎'의 전형적인 특
성을 띤다.

비늘잎 모습:

흔히 바늘잎과 혼동하기도
하지만, 손으로 만져보았을
때 뾰족한 부분이 없고 내
부에 꼬임 구조가 있다.

확대경으로 보면
작은 잎들이 연달
아 포개지며 긴
잎을 이루는 모양
새다.

잎에 앞뒤 구분이 없다.

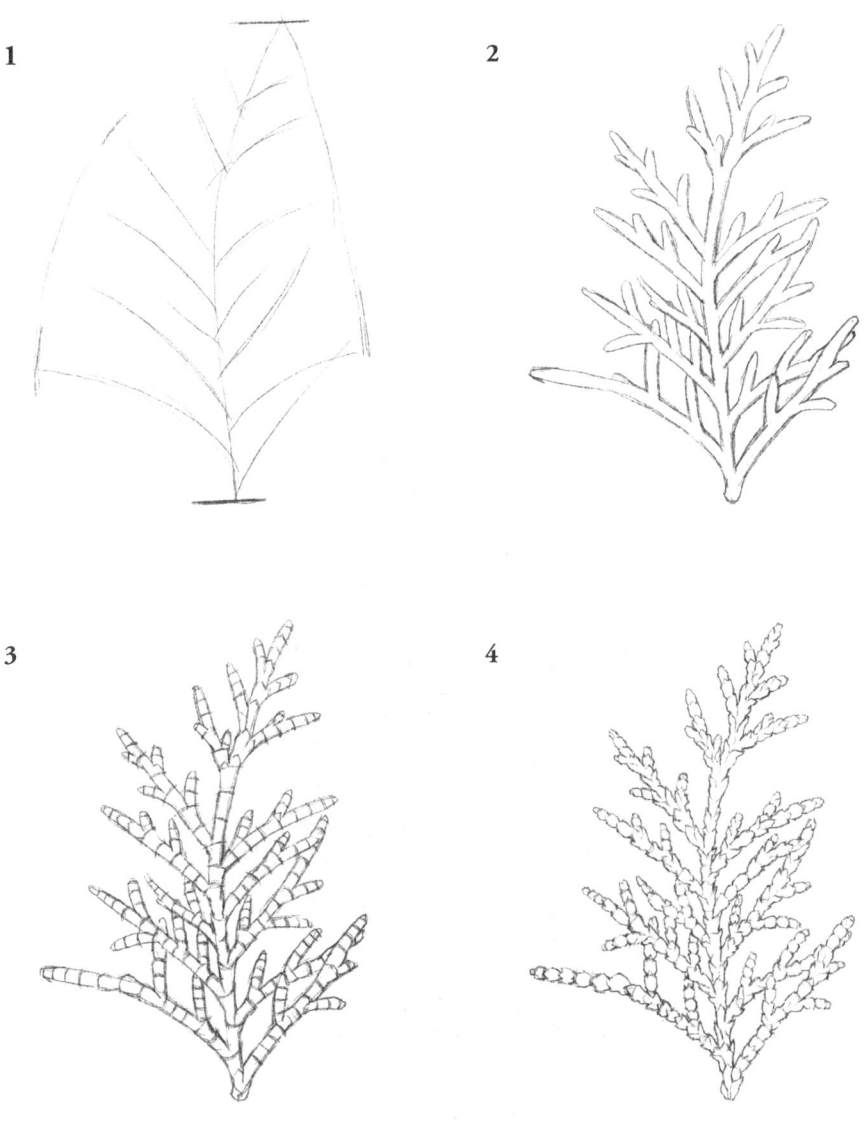

1

2

3

4

잎의 중심축과 전체 폭을 잡아놓고 옆으로 뻗어나가는 각 잎줄기들의 길이와
방향성을 찾는다. 큰 형태를 잡은 후 잎 내부의 꼬임을 그리면 되는데, 세세
하게 다 표현하기는 어려우므로 눈에 띄는 비늘 위주로 그린다.

모
감
주
나
무

모감주나무 잎은 큰 잎자루에
작은 잎이 여러 개 마주 달린
깃꼴겹잎이다.

작은 잎은 보통 7~15장
이다. 전반적으로 타원형
에 잎끝이 뾰족하고 가장
자리에 불규칙한 톱니가
나 있다.

일부 잎은 아랫부분이
끝타시는 특싱노 있나.

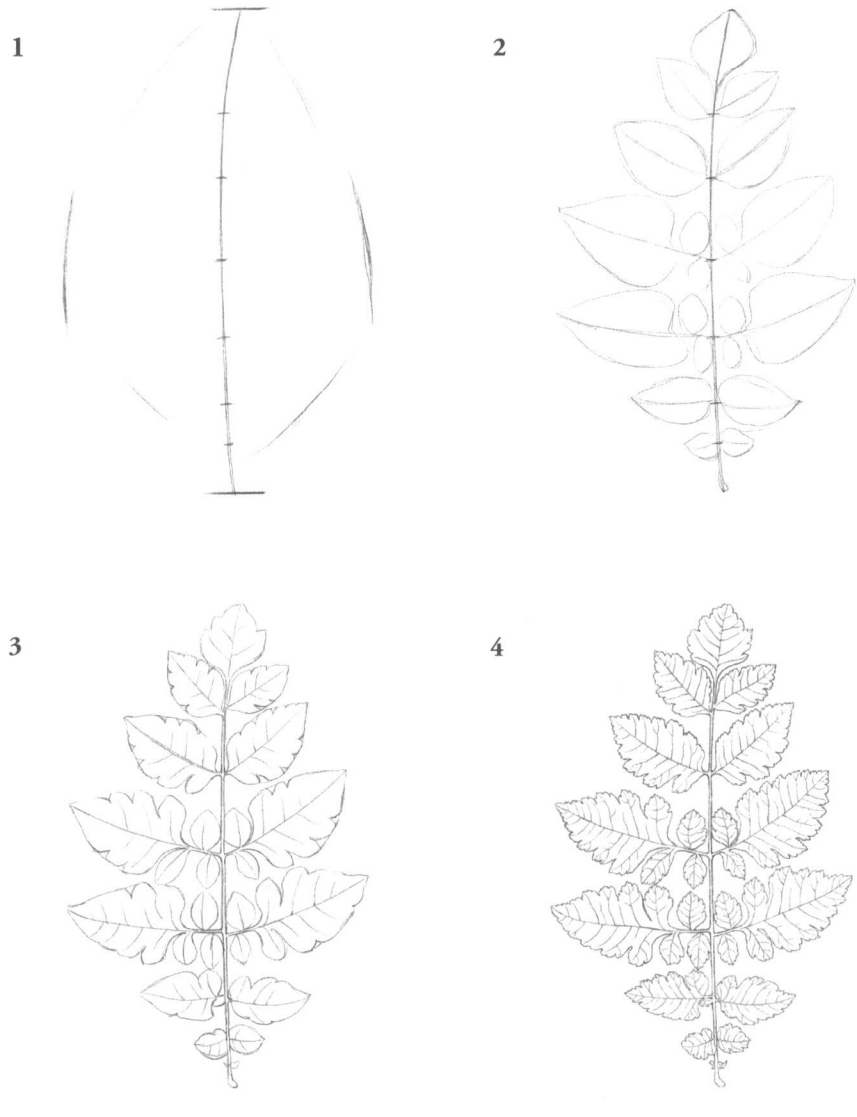

1

2

3

4

🍃 중심축을 기점으로 대칭을 이루는 구조다. 작은 잎들의 위치 선정과 방향성에
유의하며 큰 틀을 잡은 후 개별 잎들의 세부 형태를 찾아간다. 톱니가 불규칙
하므로 인내심을 갖고 관찰해 그린다.

톱니에 대한 이해

잎 가장자리에 뾰족뾰족 톱니가 나 있는 잎은 매력적이다. 밋밋한 잎에 비해 개성적이고 볼거리가 많다. 하지만 그릴 때는 더 많은 노력이 필요하다. 기꺼이 시간을 내 그리고자 한다면 느긋한 마음으로 시작하자. 그릴 것은 많은데 마음이 바쁘면 있는 그대로의 톱니를 보지 못하고 조급한 마음만 그림에 고스란히 남게 된다.

톱니의 구조

팥배나무의 겹톱니.

모과나무의 홑톱니.

톱니는 보통 잎몸 가장자리를 따라 동일한 구조를 반복하며 이어진다. 크기와 간격이 조금씩 다르지만 기본 구조가 같으므로 톱니 하나의 형태를 이해하는 것이 중요하다. 대체로 뾰족한 돌기 하나를 톱니의 기본단위로 보지만 잎에 따라서는 톱니에 또 다른 톱니가 붙어있는 겹톱니도 있다(예: 왕벚나무, 단풍나무, 팥배나무). 반면에 톱니에서 어떤 규칙성도 발견할 수 없는 경우라면 그 불규칙성이 특징이 된다(예: 무궁화, 담쟁이덩굴).

톱니의 형태

톱니 하나의 단위를 찾았다면 그 톱니를 이루는 곡선을 관찰한다. 두 곡선이 만나는 지점이 뾰족한 침 모양인지, 전체가 둥근 산 모양을 이루는지를 파악한다. 뾰족한 경우에는 예리한 정도와 양쪽 곡선의 형태를 살피고, 둥근 경우에는 둥근 정도와 가장 높이 솟은 지점을 찾는다. 그러고 나면 나머지 톱니들이 거의 유사하거나 혹은 일부 변형된 모습으로 이어져 있음을 발견하게 된다. 톱니 하나의 단위를 온전히 파악하면 그리는 속도가 빨라진다.

느티나무의 톱니.

톱니의 크기

톱니의 형태를 인지하고 나면 이번엔 크기를 확인한다. 톱니가 얼마나 촘촘한지를 파악하는 것이다. 같은 모양이어도 잎 크기에 비례해 작게 그리면 자잘한 톱니가 되고 크게 그리면 굵직한 톱니가 된다. 톱니의 형태가 아무리 정확해도 실제보다 크게 그리거나 작게 그리면 전혀 다른 잎으로 보이기 때문에 주의가 필요하다. 톱니가 굵은 경우라면 잎 가장자리 한쪽 면에 대략 몇 개가 있는지를 세어보는 것도 크기를 가늠하는 방법이다. 셀 수 없이 촘촘하다면 측맥과 측맥 사이의 한 면을 기준으로 촘촘한 정도를 살펴 비슷한 느낌으로 그린다.

톱니와 잎맥의 관계

톱니가 잎맥을 부르는 걸까, 잎맥이 톱니를 부르는 걸까? 답은 알 수 없지만 톱니가 있는 곳엔 항상 잎맥이 쫓아간다. 톱니의 가장 뾰족한 정상까지 빠짐없이 영양분을 공급해주려는 나무의 숨은 배려일지도 모르겠다. 톱니가 매우 촘촘한 경우를 제외하면 잎맥과의 연결고리를 육안으로 쉽게 확인할 수 있다.

잎맥의 관찰과 표현

잎맥을 확대경으로 자세히 보면 사람 몸의 핏줄처럼 굵은 관부터 얇은 관까지 잎 전체에 걸쳐 퍼져있다. 끝이 없는 미로처럼 연결되고 갈라지는 잎맥을 눈으로 쫓아가다 보면 의문이 생긴다. 과연 그림에선 잎맥을 어디까지 그려야 할까?

세밀화라면 희미하게라도 눈에 보이는 모든 부분을 가능한 한 정교하게 그려야겠지만 스탬프를 위한 도안에서는 과도한 표현이 오히려 독이 된다. 색과 밀도를 이용한 강약 조절이 가능한 세밀화와 달리, 도안 그림은 오직 일정한 선으로만 표현해야 하기 때문이다. 육안으로 보이지 않는 부분까지 지나치게 표현하려 하다 보면 자칫 잎의 큰 인상이 변질될 수 있다.

도안에서 잎맥은 일반적인 시각, 즉 적당한 거리에서 육안으로 보이는 수준으로 표현한다. 그럼에도 관찰은 세밀하게 하면 할수록 좋은데, 잎맥의 방향과 연결 구조를 이해하면 선 하나도 더 정확히 그을 수 있기 때문이다. 슬쩍 사라지는 잎맥이 어디로 향하는지 알 때 선의 방향성을 제대로 보여줄 수 있다. 단순한 선 몇 개로 나뭇잎의 본질에 닿기 위해선 드러나지 않는 부분까지 관찰하고 이해하는 과정이 필요하다.

쪽동백나무 잎.
잎 뒷면을 보면 잎맥의 선이
더 잘 드러난다.

잎자루까지 꼼꼼하게

나뭇잎을 그릴 때 대부분은 잎몸의 복잡한 형태에 많은 주의를 기울인다. 그러다가 마침내 잎자루에 도달해서는 대수롭지 않게 직선으로 처리해버리거나 실제 잎과 상관없이 너무 얇거나 굵게 그려 넣는 경우가 많다. 그렇게 하면 애써 온전한 형태로 그려낸 잎도 전체적인 느낌이 둔탁하고 뻣뻣해진다. 어쩌면 너무 쉬워 보여서 그 중요성을 간과한 탓일 게다. 하지만 잎자루의 유연하면서도 섬세한 곡선은 잎 전체의 형태에 상당한 영향을 미친다. 잎자루가 짧든 길든 나뭇잎의 한 요소로서 정성껏 그려 넣는다면, 잎몸에 들인 관찰과 표현의 노고를 더욱 빛내줄 것이다.

담쟁이덩굴 잎.

잎자루의 두께

잎자루를 잘 표현하기 위해선 무엇보다 두께를 주의 깊게 살펴야 한다. 가장 효과
적인 방법은 잎몸과의 비례를 확인하는 것이다. 단번에 판단하기는 어려울 수 있
지만 눈의 감각을 믿고 잎몸에 비해 두꺼운지 얇은지를 여러 번 살피면서 수정하
다 보면 적당한 느낌의 두께에 도달한다.

잎자루의 곡선

짧건 길건 잎자루는 곡선을 이룬다. 나뭇잎에 직선은 존재하지 않는다. 얼핏 직선
으로 보인다 해도 그 안에 숨은 곡선을 최대한 찾아내야 한다. 특히 잎자루가 긴
경우라면 무심한 직선 표현이 그림에 끼치는 영향은 지대하다. 긴 잎자루를 그릴
때는 먼저 잎자루의 중심축을 유연하게 그린 다음 양쪽으로 두 선을 균일하게 그
어주면서 잎자루가 가진 탄력성을 잃지 않도록 신경써야 한다(72쪽 담쟁이덩굴 잎
참조). 잎자루가 짧은 경우에도 잎몸과 맞닿은 부위를 관찰해 잎자루로 연결되는
곡선을 정확히 표현한다(52쪽 회양목 잎 참조).

3

조각하기

지우개에 세기는 나뭇잎

가볍게 천천히

　　이제 그림이 조각으로 바뀔 시간이다. 이 즐거운 변환에는 간단한 도구 몇 개만 있으면 충분하다. 조각용 지우개와 30도 커터칼(혹은 디자인칼), 삼각도, 트레이싱지 한 장이면 된다. 도구가 가벼우니 마음도 가볍다.
나뭇잎 스탬프 조각의 단계를 미리 살펴보면 크게 ① 도안 옮기기 ② 잎몸 외곽선 따기 ③ 잎맥 파기 ④ 주변 정리하기 순이다. 잎의 형태에 따라 약간의 차이는 있지만 대체로 동일한 순서로 진행한다. 물론 작업자에게 편한 방식이 따로 있다면 본인 취향을 따라도 좋다. 조각 방법에 정답이 있는 것은 아니니 말이다.
잎의 형태에 따라 난이도는 차이가 있다. 잎 가장자리가 매끈한 홑잎이 가장 조각하기 쉽고, 톱니가 많고 뾰족할수록 칼을 정교하게 움직여야 하니 더 높은 집중과 숙련도가 요구된다. 작은 잎이 여러 개 달린 겹잎이나 결각(갈라짐)이 심한 잎, 가늘고 뾰족한 바늘잎도 난이도가 높다.
조각을 처음 해보는 사람이라면 쉬운 잎부터 단계별로 접근하는 게 좋다. 칼을 다루는 요령과 감각은 마음처럼 단번에 얻어지지 않으니 단계별로 실력을 쌓아나가야 안정된 결과를 낼 수 있다. 다양한 잎을 만나 작업하며 천천히 난이도를 높여나가는 동안 형태에 대한 이해도 넓고 깊어질 테니 조급해할 이유가 없다. 당장의 결과보다는 각각의 잎이 지닌 아름다움과 고유성을 발견하는 데 집중하면서 긴 호흡으로 다가서보자.

조각하는 기분

선명한 선을 따라 조각도를 천천히 움직인다. 부드러운 지우개 고무 안에서 움직이는 칼은 아무 소리도 내지 않는다. 고요 속에서 오직 하나의 선을 바라보며 따라가는 동안 온 정신을 집중하게 된다. 명확한 길, 그것만 바라보며 가니 마음이 순화되는 기분이다. 선만 잘 따라가면 되는데 사실 그게 가장 어렵다. 아차 하는 순간 선에서 벗어나기도 하고 선 안으로 침범하기도 한다. 칼로 한 번 지나간 길은 돌이킬 수 없는 자국이 되어 연필처럼 지우고 다시 시작할 수가 없다. 만회할 만한 작은 실수라면 다행이지만 그렇지 않다면 새로 시작해야 한다. 조각은 실수를 용납하지 않는다.

처음엔 누구나 서툴지만 시간이 지나며 숙련되면 조각하는 시간이 물 흐르듯 편안해진다. 손에 일정한 힘을 싣고 원리에 따라 움직이기만 한다면 결과는 자연스럽게 따라온다. 난이도는 더 이상 문제되지 않는다. 혹여 마음대로 풀리지 않을 때는 전 단계로 돌아가 잘못된 부분이 없었는지 살핀다. 안된다고 억지로 힘을 쓰거나 무리를 주면 오히려 더 큰 문제를 낳을 수 있다. 막힐 땐 되돌아가고 매 과정의 원리를 충실히 따르는 것이 숙련의 지름길이다.

내 손 안의 나뭇잎

　　선으로 그린 그림이 스탬프가 되어 '번쩍' 하고 종이 위에 나타나는 순간은 언제나 놀랍다. 그림에서 비어있던 공간은 색으로 채워지고 검은 연필 선은 비워져 같은 형태지만 전혀 다른 느낌으로 나타난다. 선으로 그린 그림만 머릿속에 있다가 갑작스레 새로운 문양으로 변신해 나타나니 놀랄 수밖에.

기분 좋은 반전은 여기서 그치지 않는다. 연둣빛, 초록빛, 붉은빛 잉크를 묻혀가며 원하는 대로 색을 바꾸고 원하는 곳에 마음껏 찍으며 놀 수 있으니 재미는 이제부터 시작이다. 종이뿐 아니라 천, 나무, 도자기, 플라스틱 등 어디에나 내가 그린 나뭇잎을 새겨 넣을 수 있다. 그야말로 내 손에 나뭇잎 제조기가 생긴 듯하다. 한 번 콩, 두 번 콩, 수도 없이 찍어댈 때마다 나뭇잎의 형태가 마음에 깊숙이 남는다. 눈을 감아도 그릴 수 있을 정도다.

그림으로 그리고 조각하고 여기저기 찍으면서 하나의 나뭇잎을 수도 없이 만나게 되니 낯선 어딘가에서 그 잎을 다시 만난다고 몰라볼 수 있을까. 그건 불가능하다. 발밑에 떨어진 낙엽들 속에서도 이제 그 잎을 쉽게 찾을 수 있다. 내 눈과 손과 마음에 머물렀던 잎이기에 그렇다.

나뭇잎 박스

　책상 밑 나무 박스 안에는 그동안 내가 만든 나뭇잎 스탬프들이 옹기종 기 모여있다. 그중 하나를 꺼내 종이 위에 찍으면 나뭇잎과 관련된 다양한 기 억이 떠오른다. 나무의 꽃과 열매, 단풍 색과 겨울나무의 모습끼지 자연스럽 게 연결된다. 내가 보고 만지고 느꼈던 자연이 이 작은 스탬프 안에 고스란히 녹아있는 듯하다. 굳이 외우려 하지 않아도, 노력하지 않아도, 어딘기에 실고 있는 친구가 불현듯 떠오르는 것처럼 나무의 이름과 모습이 그냥 떠오른다. 나뭇잎 박스를 열 때마다 나도 모르게 미소가 지어지는 이유다.

조각을 위한 도구 준비

스탬프는 비교적 진입이 쉬운 미술 기법으로 간단한 도구 몇 가지만 구비하면 즐길 수 있다. 최근에 취미가가 늘어나면서 저렴한 재료와 초보자용 키트도 판매하고 있어 준비하기가 어렵지 않다. 오히려 선택지가 많아 자신에게 적절한 재료를 찾는 노력이 필요하다. 초보자의 경우라면 작업에 꼭 필요한 도구부터 준비해 시작해보자.

○ 조각용 지우개

① 일본산: 스탬프 만들기가 대중화된 나라답게 다양한 색상과 품질의 제품이 나와 있다. 경도별로도 종류가 다양하므로 자신의 취향과 조각 스타일에 맞게 고르면 된다. 일본산 지우개는 기본적으로 재질이 무척 치밀하고 부드러워 조각할 때 칼이 유연하게 움직인다. '호루나비'가 가장 대중적인 브랜드이며 엽서 크기(100×148mm)로 판매한다. 국내에서는 개당 8,000∼10,000원이고 해외식구로 구입하면 소금 서텀하나.

② 중국산: 다양한 모양과 크기의 제품을 판매한다. 엽서 크기를 2,000∼3,000원대에 구입할 수 있다. 일본산에 비해 조각할 때 조금 뻑뻑한 감이 있지만 작업에 큰 무리는 없으므로 초보자 연습용으로 추천한다.
• 구입처: 두 제품 모두 검색창에 '조각용 지우개'라고 치면 나온다.

○ 칼 ③ ④ ⑤

나뭇잎의 외곽선을 V자로 파내거나 주변부를 제거할 때 사용한다. 일반 커터칼은 지우개를 자를 때와 주변부를 깎아낼 때, 30도 커터칼과 디자인칼은 잎몸 외곽선을 V자로 파낼 때 주로 사용한다. 정교한 톱니나 복잡한 형태를 조각할 때는 디자인칼이 더욱 유용한데, 칼끝의 각도가 예리할수록 자잘한 굴곡 표현이 용

왼쪽부터 30도 커터칼, 일반 커터칼, 디자인칼

이하기 때문이다. 반면에 직선형 표현은 30도 커터칼이 안정적이다. 간단한 표현은 일반 커터칼만으로도 충분하다.

• 구입처: 세 가지 모두 문구점 혹은 인터넷에서 구입 가능하다.

○ 삼각도 ⑥ ⑦ ⑧

삼각도는 잎맥 선을 팔 때 사용한다. 칼 끝의 삼각형 각도가 좁을수록 얇게, 넓을수록 굵게 파진다. 시중에 일본산과 국내산이 판매되고 있는데 일본산은 지우개 조각 전용 제품이라 얇은 선을 더욱 안정적으로 팔 수 있다. 국산 제품은 화홍에서 만든 미니 조각도와 일반 조가도가 있다. 미니 조가도인 v1, v2 제

왼쪽부터 화홍에서 만든 일반 조각도와 미니 조각도, 일본산 조각도

품은 얇은 선을, 일반 조각도는 굵은 선을 표현하기에 좋은데 나뭇잎의 잎맥은 대체로 얇기 때문에 v1, v2를 자주 사용한다.

삼각도를 사용할 때는 손에 힘을 줘 내리 누르면서 밀면 선이 더 굵게 파지고,

표면을 떠내듯이 살짝 밀면 얇게 파진다. 자투리로 남은 지우개 조각에 미리 힘 조절 연습을 해보면 좋다.

- 구입처: 일본산은 검색창에 '지우개조각도'를 치면 나온다. 국산 제품은 '호미화방' 등의 전문 웹사이트에서 '화홍미니조각도'를 검색하면 낱개 구입이 가능하다.

○ 트레이싱지 ⑨

기름종이 재질의 반투명한 종이다. 지우개 조각면에 도안을 옮길 때 사용한다. 80g 이상의 두께가 좋다. 가정에서 쓰는 종이호일로도 대체 가능하다.
- 구입처: 일반 문구점에서 구입할 수 있다.

○ **기타 재료**

⑩ 커팅 매트: 단단한 재질의 바닥 깔개. 칼을 사용할 때 책상 등의 바닥 표면을 보호하기 위해 사용한다. 버려지는 하드보드지를 재활용해도 된다.

⑪ 둥근칼 조각도: 두꺼운 선을 파거나 필요 없는 면을 제거할 때 사용한다. 나뭇잎을 다 조각한 후 넓은 주변부를 제거할 때 칼 대신 사용할 수 있다.

⑫ 연필/지우개: 도안을 트레이싱지에 옮겨 그릴 때 사용한다.

스탬프를 조각하는 방법

사과 하나를 칼로 잘 깎을 정도의 기술만 있으면 기초적인 스탬프 조각이 가능하다. 가장 단순한 잎부터 차근히 만들어가다 보면 복잡한 구조 혹은 톱니가 있는 잎들도 점차 표현할 수 있게 된다. 처음부터 너무 어려운 잎에 도전하기보다 단계별로 난이도를 높여가며 다양한 잎을 조각해보길 추천한다.

도구가 갖춰졌다면 스탬프 조각의 기본자세와 단계별 조각 단계부터 숙지하자. 나뭇잎 스탬프는 기본적으로 동일한 방법과 과정을 거쳐 제작되는데, 잎의 형태에 따라 일부 순서가 바뀌는 경우도 있지만 대부분은 다음에 소개하는 순서대로 익혀서 진행하면 무리가 없다.

🍂 뒤에 나오는 모든 작업 설명은 오른손잡이가 기준이다.
왼손잡이의 경우 반대 방향으로 진행한다.

조각의 기본자세

칼을 쥔 손을 고정

스탬프를 조각할 때는 두 손을 책
상에 올려 한 손은 조각용 지우개
를 잡고 다른 한 손은 칼이나 삼
각도를 잡는다. 이 자세가 기본이
다. 이때, 칼을 쥔 손을 책상에 붙
여 고정하고 다른 손으로 지우개
를 요리조리 돌려가며 작업해야
안정적이다. 칼은 그 자리에 있고

지우개를 움직이는 방식이다. 이렇게 해야 깎기나 파내기 작업을 할 때 칼을
든 손이 흔들리지 않는다.

삼각도를 쥔 손을 고정

삼각도로 선을 팔 때도 삼각도를 쥔 손이
편안하게 움직이도록 먼저 자세를 잡아 고
정한 다음, 지우개를 손 앞에 가져와 작업
한다. 삼각도를 잡은 손이 흔들리면 선이
원하는 대로 파지지 않으므로 손은 바닥에
붙여 고정하고 지우개를 움직여 선을 판
다. 삼각도를 쥐는 방법은 사람마다 다를
수 있지만 연필 쥐듯 잡았을 때 가장 편안
하고 선이 일정하게 파진다.

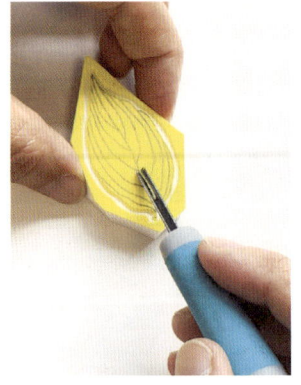

칼은 40~60도 기울기로

삼각도와 칼은 보통 40~60도의 기울기로 눕혀서 작업한다. 연필 쥐듯 잡고 손을 바닥에 붙여 고정하면 각도가 계속 일정하게 유지돼 조각 선에 흔들림이 적다.

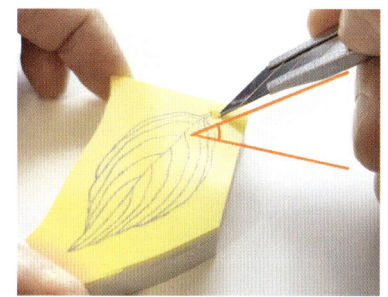

안전하게 자르기

조각을 시작하기 전이나 완성한 후 지우개 주변부를 자를 때는 커터칼을 수직으로 세워 검지에 힘을 주며 내리누른다. 지우개를 바닥에 내려놓은 상태에서 위에서 아래로 일정한 힘을 줘 내리누르며 자르는 게 안전하다.

도안 옮기기

① 그림 위에 트레이싱지를 올려 고정한 후 비치는 선을 따라 연필이나 샤프로 베껴 그린다. 가능하면 원본의 선을 그대로 유지한다.

② 도안이 빠짐없이 잘 옮겨졌는지 확인한다.

③ 트레이싱지를 뒤집어 연필이 묻은 면을 지우개 윗면에 닿게 내려놓는다. 이때 그림 주변으로 최소 3mm의 여분을 확보한다.
  • 불필요한 재료 손실을 막으려면 지우개 위에 도안을 배치할 때 주변 공간을 너무 많이 잡지 않는 게 좋다.

④ 한 손으로는 트레이싱지를 단단히 고정하고, 다른 손의 손톱으로 그림 위를 판박이 하듯 꼼꼼히 긁는다. 손톱이 닿지 않은 부분은 흑연이 묻어 나오지 않으므로 빈틈없이 긁도록 한다.
  • 트레이싱지를 떼어냈을 때 미처 옮겨지지 않은 부분이 발견되면 위치를 다시 정확히 맞춘 후 그 부분만 긁어준다. 일단 지우개에 흑연이 묻으면 잘 지워지지 않으므로 처음부터 신중하게 위치를 잡는 게 좋다.

⑤ 트레이싱지를 떼어내고 지우개에 도안이 잘 옮겨졌는지 확인한다.

지우개 자르기 (블록이 큰 경우)

지우개 위에 도안을 옮기고 나면 그림의 외곽선을 따라 바깥쪽으로 최소 3mm 정도의 여분만 남기고 지우개를 잘라낸다. 지우개 블록이 너무 크면 손으로 돌려가면서 조각하기 불편하다. 지우개를 자를 때는 일반 커터칼을 직각으로 세워서 사용해야 안전하다.

• 지우개 자투리 중 쓸 만한 조각은 버리지 않고 보관해두자. 나중에 작은 동그라미나 세모, 또는 잎이나 새 모양 등을 새긴 귀여운 스탬프를 만들 수 있다.

잎 외곽선 따기 (V자 커팅)

V자 커팅이란 스탬프 조각을 할 때 두 번의 칼집으로 V자 홈을 만들어 선을 파내는 방법이다. 삼각도나 둥근칼 이용에 비해 세밀한 표현이 가능하기 때문에 스탬프 제작을 위해 꼭 익혀야 하는 기법이다.

V자 커팅으로 잎의 외곽선을 딴 모습

나뭇잎 스탬프에서는 주로 잎몸의 외곽선을 따낼 때 V자 커팅을 이용한다. 도안의 가장 바깥 선, 즉 나뭇잎의 둘레를 따라 반시계방향으로 1차 커팅을 하고, 2~3mm 바깥 지점에서 다시 시계방향으로 2차 커팅을 시행해 V자 홈을 만들어 파낸다.

이 작업에서 가장 중요한 포인트는 칼날의 각도다. 두 번의 커팅 모두 칼을 40~60도 각도로 기울여 작업해야 두 개의 칼선이 V자로 만나며 지우개가 떨어져 나간다. 1차 커팅 때 칼날을 너무 세워서(70~90도) 작업하면 2차 커팅 후에도 지우개 조각이 떨어져 나가지 않는다. 칼은 30도 커터칼이나 디자인칼이 좋고 단순한 표현에는 일반 커터칼도 사용 가능하다.

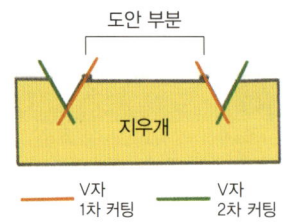

도안 부분

지우개

— V자 1차 커팅   — V자 2차 커팅

1차 커팅

첫 번째 칼집을 내는 과정이다. 칼을 연필 쥐듯이 잡아 살짝 기울이고 손을 바닥에 붙인다. 도안의 잎자루 위쪽 바깥 부분에서 시작해 잎몸 외곽선을 쭉 따라가면서 칼집을 낸다. 칼의 깊이는 지우개 표면에서 약 3mm, 기울기는 40~60도를 유지한다. 오른손잡

이라면 반드시 도안의 시계반대방향으로 움직여야 한다(왼손잡이는 반대). 칼이 한 바퀴를 돌아 시작점을 지나치면 완료된다.

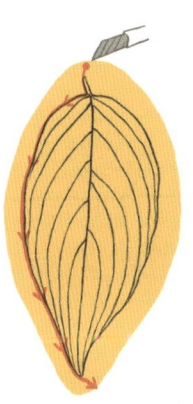
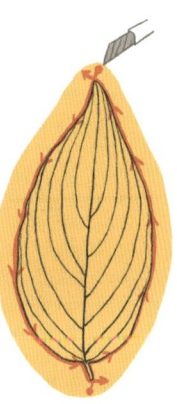

2차 커팅

1차 커팅의 반대방향으로 칼집을 낸다. 1차 도착점에서 바깥으로 2~3mm 떨어진 지점에 칼끝을 넣고 이번에는 시계방향으로 천천히 움직이며 나아간다. 1차 때와 마찬가지로 칼날의 깊이와 기울기를 일정하게 유지해야 한다. 자세가 올바르다면 칼이 지나가

면서 V자형으로 파진 지우개 조각이 떨어져 나온다.

• 만약 이 과정에서 지우개가 떨어져 나오지 않는다면 1차 커팅을 다시 해야 한다. 칼의 각도를 더 기울이고 1~2mm 더 깊게 판다.

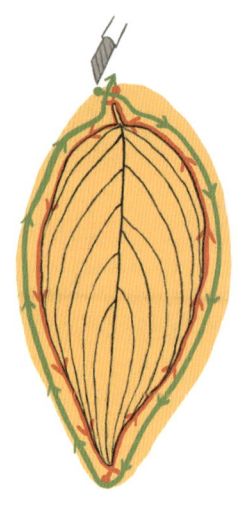

116

톱니가 있는 잎의 V자 커팅 방법

밋밋한 잎 모양을 딸 때는 어떤 칼을 사용하든 크게 상관없지만 톱니가 있는 잎의 경우에는 디자인칼이 유용하다. 디자인칼은 끝이 뾰족해서 급한 회전으로 자잘한 톱니부터 미세한 잎의 굴곡까지 표현이 가능하다.

둥근 톱니의 경우 칼의 각도를 살짝 세워(60도 정도) 칼끝을 빠르게 회전시키면 칼을 뺄 필요 없이 연속해서 칼집을 낼 수 있다. 반면에 톱니가 뾰족하고 굵은 경우에는 톱니 끝에서 칼을 한 번 뺐다가 다시 집어넣는 방식으로 칼집을 낸다. 톱니가 아주 작은 경우라면 칼을 빼지 않고 회전만으로 가능하다. 덧붙여, 칼을 뺐다가 다시 넣을 때는 도안선의 1~2mm 정도 바깥부터 시작해야 톱니 끝이 날카롭게 표현된다.

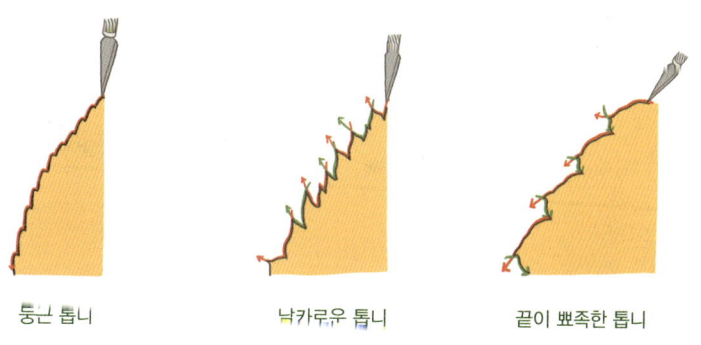

톱니   낙카로운 톱니   끝이 뾰족한 톱니

주의!

톱니가 있는 경우 V자 2차 커팅에서 지우개가 잘 떨어져 나오지 않을 수 있다. 1차 커팅 때 칼날을 넣고 빼는 과정에서 일부 구간에 칼집이 잘 나지 않았을 경우다. 이럴 때는 2차 커팅에서 V자 간격을 조금 좁혀준다.

잎맥 파기

잎맥은 주로 삼각도를 이용해서 판다. 실제로 조각을 시작하기 전에 여분의 지우개 조각에 선 파기 연습을 해보면 좋다. 먼저 삼각도를 쥔 손의 각도를 동일하게 유지하면서 일정한 힘으로 밀어 파는 연습을 하고, 익숙해지면 손 힘을 조절해가며 굵은 선과 얇은 선을 의도한 대로 파본다. 손 힘에 따른 굵기 표현의 정도를 다양하게 익혀두면 실제 작업에 도움이 된다.

잎맥은 보통 잎자루와 잎몸이 만나는 지점에서 시작해 잎끝을 향해 판다. 이 때 힘 조절이 안 되면 두께가 고르지 않게 되니 주의한다. 또한 주맥과 측맥의 두께 차이도 고려해 판다.

step 5 주변 정리하기

잎몸과 잎맥을 모두 파고 나면 외곽의 불필요한 부분을 제거한다. 지우개의 주변을 정리하는 방법은 여러 가지가 있다. 작업자가 편한 것을 선택하되, 조각된 면을 잘 보호하고 작업 중 손을 다치지 않을 안전한 방법을 우선으로 한다. 완성한 스탬프를 옆에서 보았을 때 조각면이 아랫면보다 좁은 사다리 형태를 취해야 안정적이므로 이에 맞게 주변 정리를 해준다.

외곽 커팅하기

외곽선을 따라 2-3mm의 여분을 남기고 지우개를 잘라낸다. 이때 커터칼을 이용해 수직으로 내리 잘라야 안전하다. 잎몸 선에서 너무 바짝 붙여 자르면 조각면에 손상이 갈 위험이 있으므로 약간의 여유를 두고 자른다.

사선 깎기

잎몸 둘레의 윗부분을 사선으로 깎아내는 방법이다. 칼을 과일 깎듯이 쥐고 지우개를 돌려가면서 윗면만 도려낸다. 잘라내는 면이 크지 않아 다칠 위험은 적다. 다만 조각면에 칼이 침범하지 않도록 조심한다.

수평으로 떠내기

칼을 수평으로 집어넣어 제거면을 떠내는 방법이다. 제거할 면이 작으면 바로 떠내도 되지만 면적이 다소 클 경우에는 조각면의 테두리에 V자 1차커팅 때와 같은 방법으로 조금 깊게 칼집을 낸 후 작업한다. 옆면에서 칼을 수평으로 집어넣어 포를 뜨듯 제거하면 되는데, 칼이 너무 깊게 들어가 조각면의 안쪽까지 침범하지 않도록 주의한다.

둥근칼 이용하기

칼 사용이 서툴다면 둥근칼을 이용해보자. 둥근칼로 여러 번 파서 넓은 면을
제거할 수 있다.

큰 V자 커팅

제거할 면적이 크고 안쪽으로 깊은 경우에는 V자 커팅을 한 번 더 큼직하게
해준다. 큰 V자 커팅으로 제거면을 1차로 줄인 다음 나머지는 수평으로 떠낸
다. 스탬프 내부의 고립된 제거면을 파낼 때도 큰 V자 커팅을 활용하면 좋다.

나뭇잎 형태별로 조각하기

스탬프를 만드는 기본적인 방법을 숙지했다면 이제 실제 조각을 시작해보자. 난이도로 보면 매끈한 홑잎이 가장 쉽고 그 다음이 톱니가 있는 잎, 가장자리가 갈라진 잎의 순서다. 큰 잎줄기에 작은 잎이 여러 개 달린 겹잎이나 소나무처럼 잎 자체가 얇고 가느다란 것은 상당한 집중과 숙련도를 요구하므로 조각 기법을 충분히 익힌 후 시도한다.

난이도1 | 가장자리가 매끈한 홑잎
회양목 / 산수유 / 수수꽃다리 / 백목련

난이도2 | 톱니가 있는 홑잎
사철나무 / 왕벚나무 / 개나리 / 느티나무

난이도3 | 가장자리가 갈라진 잎(결각잎)
무궁화 / 양버즘나무 / 담쟁이덩굴 / 단풍나무

난이도4 | 바늘잎 · 비늘잎 · 겹잎
소나무 / 등 / 측백나무 / 모감주나무

🍂 뒤에 나오는 모든 작업 설명은 오른손잡이 기준이다.
   왼손잡이의 경우 반대 방향으로 진행한다.

회
양
목

구조가 단순한 잎이지만 크기가 작아서 조각할 때 세심한 손놀림이
필요하다. 주맥은 조금 굵게, 측맥은 얇게 파야 특징을 살릴 수 있다.

○ 조각순서 ○

1

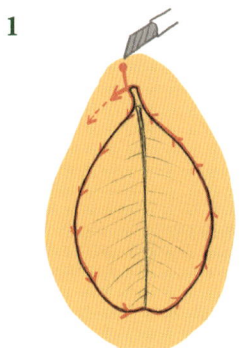

외곽 V자 1차 커팅 잎자루 부근에서 시작해 시계반대방향으로 잎몸의 외곽선을 따라가며 칼집을 낸다. 칼은 40~60도로 기울여서 작업.

2

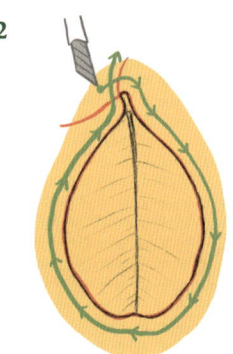

외곽 V자 2차 커팅 1차 커팅 도착점에서 2~3mm 떨어진 곳에 칼을 넣고 이번에는 시계방향으로 움직이며 커팅한다. 칼의 기울기는 1차와 동일.

3

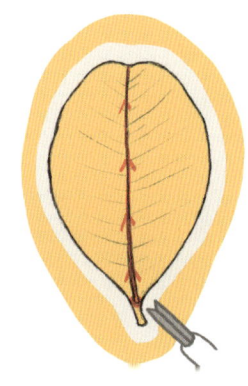

주맥 파기 삼각도를 이용해 잎자루와 잎몸이 만나는 지점에서부터 주맥을 쭉 밀어 판다. 잎끝으로 갈수록 손에 힘을 빼 선이 점차 가늘어지게 한다.

4

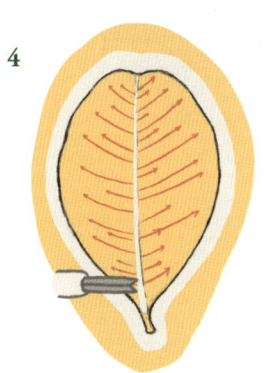

측맥 파기 삼각도를 이용해 주맥에서 잎몸 바깥 방향으로 판다. 최대한 가늘게 판다.

5

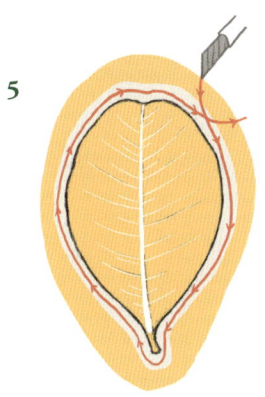

주변 정리하기 외곽 커팅 및 사선 깎기로 주변부를 제거한다.

산수유

잎끝을 향해 큰 포물선을 그리며 올라가는 측맥의 선이
특징적인 요소다. 위로 올라갈수록 점차 가늘어지다 슬
쩍 사라지게 표현한다.

◇ 조각순서 ◇

1

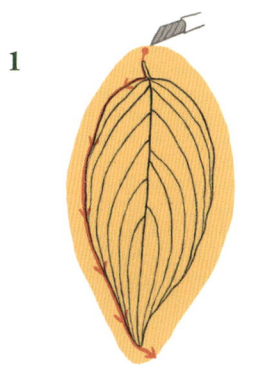

2

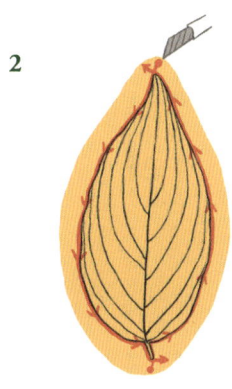

3

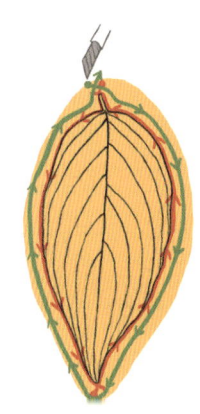

외곽 V자 1차 커팅 잎자루 부근에서 시작해 시계반대방향으로 잎몸의 외곽선을 따라가며 칼집을 낸다. 잎끝이 뾰족하므로 끝에서 칼을 바깥으로 뺀 다음, 지우개를 돌려 반대편 외곽선을 따라가며 마무리한다.

외곽 V자 2차 커팅 1차 커팅 도착점에서 2~3mm 떨어진 지점에 칼을 넣고 이번에는 시계방향으로 커팅한다.

4

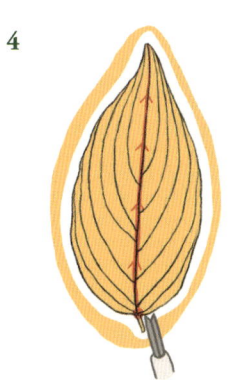

5

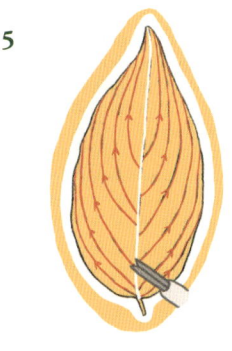

6

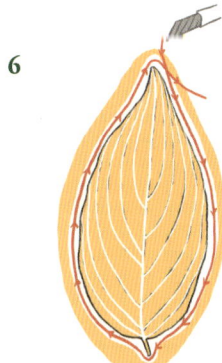

주맥 파기 삼각도를 이용해 잎자루와 잎몸이 만나는 지점을 시작으로 쭉 밀어 판다. 잎끝으로 갈수록 힘을 빼서 선이 점차 가늘어지게 한다.

측맥 파기 삼각도를 이용해 주맥에서 잎몸 바깥 방향으로 판다. 잎바깥쪽으로 갈수록 손에 힘을 빼측맥이 슬쩍 사라지게 한다.

주변 정리하기 외곽 커팅 및 사선 깎기로 주변부를 제거한다.

수수꽃다리

잎자루가 날렵하게 쭉 빠져나오는 운동성을 살린다.
측맥이 잎 속으로 부드럽게 사라지도록 표현한다.

1

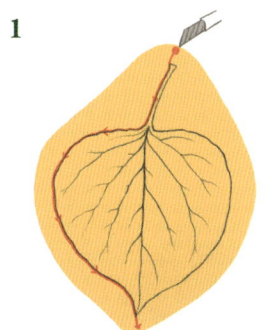

2

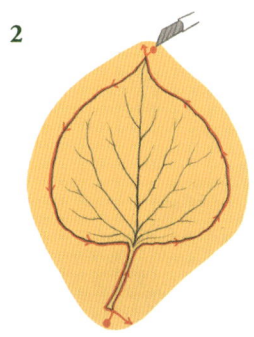

3

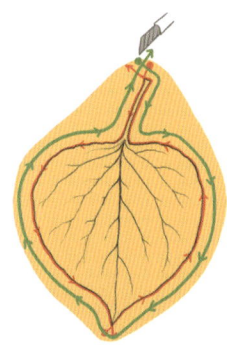

외곽 V자 1차 커팅 잎자루 부근에서 시작해 시계반대방향으로 잎몸의 외곽선을 따라가며 칼집을 낸다. 잎끝이 뾰족하므로 끝에서 칼을 바깥으로 뺀 다음, 지우개를 돌려 반대편 외곽선을 따라가며 마무리한다.

외곽 V자 2차 커팅 1차 도착점에서 2~3mm 띄어진 지점에 칼을 넣고 이번에는 시계방향으로 나아가며 커팅한다.

4

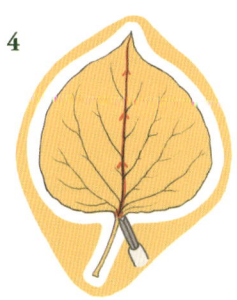

5

6

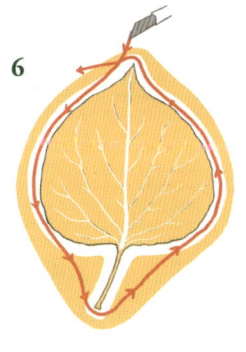

7

주맥 파기 삼각도를 이용해 잎자루와 잎몸이 만나는 지점을 시작으로 쭉 밀어 판다. 잎끝으로 갈수록 힘을 빼 선이 점차 가늘게 한다.

측맥 파기 삼각도를 이용해 주맥에서 잎 바깥 방향으로 판다. 잎끝으로 갈수록 잎맥이 가늘어지다가 슬쩍 사라지게 한다.

주변 정리하기 외곽 커팅 및 사선 깎기로 1차 정리한다.

잎자루 주변은 수평 떠내기로 마무리한다. 얇은 잎자루를 보호하기 위함이다.

백
목
련

잎 전체에 균일하게 퍼져있는 측맥의 특징을 살린다.
잎몸의 부드러운 곡선을 잘 표현해야 유연해 보인다.

○ 조각순서 ○

1
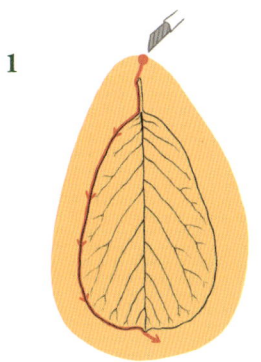

2
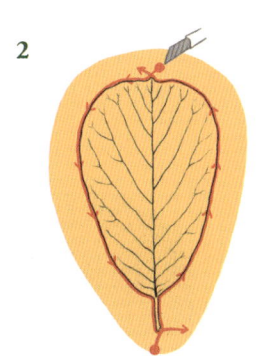

3
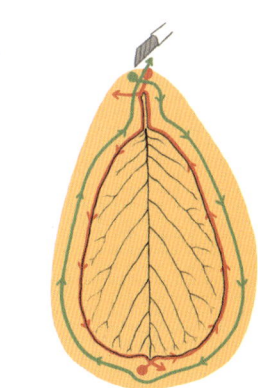

외곽 V자 1차 커팅 잎자루 부근에서 시작해 시계반대방향으로 잎몸의 외곽선을 따라가며 칼집을 낸다. 잎끝이 뾰족하므로 끝에서 칼을 바깥으로 뺀 다음, 지우개를 돌려 반대편 외곽선을 따라가며 마무리한다.

외곽 V자 2차 커팅 1차 커팅 도착점에서 2~3mm 떨어진 지점에 칼을 넣고 이번에는 시계방향으로 나아가며 커팅한다.

4
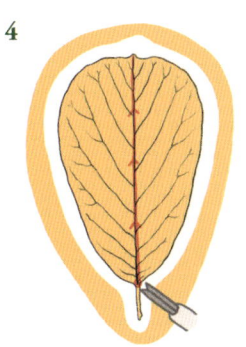

5
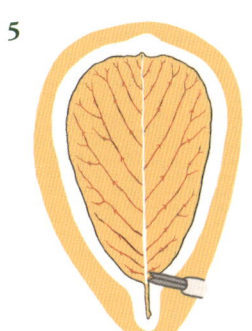

6
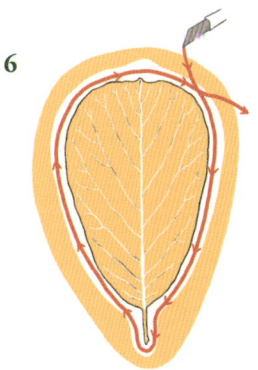

주맥 파기 삼각도를 이용해 잎자루와 잎몸이 만나는 지점을 시작으로 쭉 밀어 판다. 잎끝으로 갈수록 힘을 빼 선이 점차 가늘어지게 한다.

측맥 파기 삼각도를 이용해 주맥에서 잎 바깥 방향으로 판다. 가능하면 측맥의 두께를 균일하게 유지하고 잎끝으로 갈수록 가늘어지다 슬쩍 사라지게 한다.

주변 정리하기 외곽 커팅 및 사선 깎기로 주변부를 제거한다.

사
철
나
무

둥근 형태의 톱니 표현에 중점을 둔다. 주맥과 측맥의 곡선을
부드럽게 처리한다.

○ 조각순서 ○

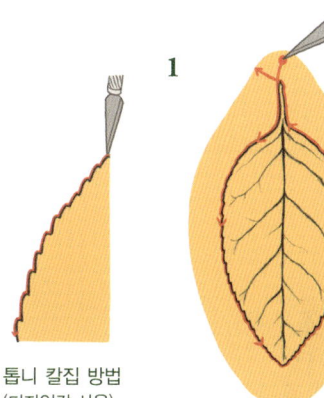

톱니 칼집 방법
(디자인칼 사용)

1

외곽 V자 1차 커팅 잎자루 부
근에서 시작해 시계반대방향
으로 잎몸의 외곽선을 따라가
며 칼집을 낸다.

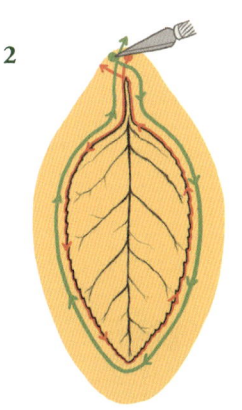

2

외곽 V자 2차 커팅 1차 커팅
도착점에서 2~3mm 떨어진
지점에 칼을 넣고 이번에는
시계방향으로 나아가며 커팅
한다.

3

주맥 파기 심식노를 이용해
잎자루와 잎몸이 만나는 지점
을 시작으로 쭉 밀어 판다. 잎
끝으로 갈수록 힘을 빼 선이
점차 가늘어지게 한다.

4

측맥 파기 삼각도를 이용해 주맥
에서 잎 바깥 방향으로 판다. 가
능하면 전체적으로 측맥의 두께
를 균일하게 표현하되, 끝에서 가
늘어지다 슬쩍 사라지게 한다.

5

주변 정리하기 외곽 커팅 및 사선
깎기로 1차 정리한다.

6

잎자루 주변은 칼로 수평 떠내기
를 한다. 칼집이 너무 깊게 들어가
지 않도록 조심한다.

자잘하고 뾰족한 톱니 표현에 주의한다. 도안의 선을
충실하게 따라가며 칼을 천천히 움직여 표현한다.

◇ 조각순서 ◇

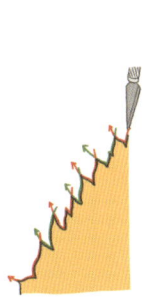

톱니 칼집 방법
(디자인칼 사용)

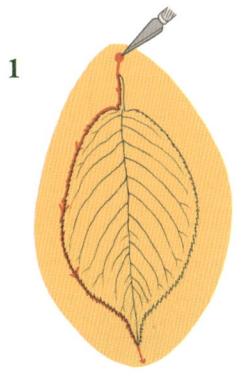

1

외곽 V자 1차 커팅 잎자루 부근에서 시작해 시계반대방향으로 잎면이 외곽선을 따라가며 칼집을 낸다. 톱니의 끝부분 표현을 위해 칼을 여러 번 넣었다 뺐다 반복하며 작업한다. 잎끝이 뾰족하므로 끝에서 칼을 바깥으로 뺀 다음, 지우개를 돌려 반대편 외곽선을 따라가며 마무리한다.

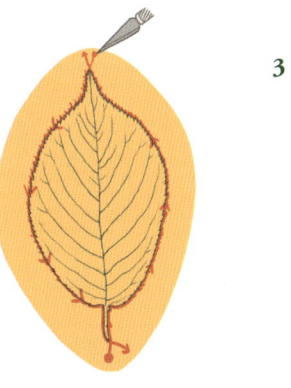

3

외곽 V자 2차 커팅 1차 커팅 도착점에서 2~3mm 떨어진 지점에 칼을 넣고 이번에는 시계방향으로 커팅한다.

4

주맥 파기 삼각도를 이용해 잎자루와 잎몸이 만나는 지점을 시작으로 쭉 밀어 판다. 잎끝으로 갈수록 힘을 빼 선이 점차 가늘어지게 한다.

5

측맥 파기 삼각도를 이용해 주맥에서 잎 바깥 방향으로 판다. 끝으로 갈수록 잎맥이 가늘어지다 슬쩍 사라지게 한다.

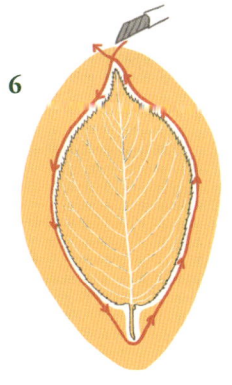

6

주변 정리하기 외곽 커팅 및 사선 깎기로 1차 정리한다.

7

잎자루 주변은 칼로 수평 떠내기를 한다. 칼집이 너무 깊게 들어가지 않도록 조심한다.

뾰족한 형태의 톱니 표현에 중점을 둔다. 잎자루의 굵기와
곡선에 유의한다.

1

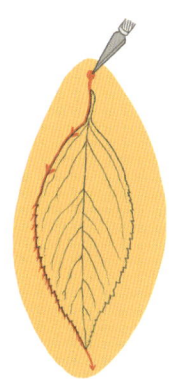

2

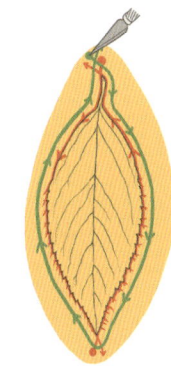

3

톱니 칼집 방법
(디자인칼 사용)

외곽 V자 1차 커팅 잎자루 부근에서 시작해 시계반대방향으로 잎몸의 외곽선을 따라가며 칼집을 낸다. 잎 중반부부터 날카로운 톱니 표현을 위해 칼을 여러 번 넣었다 뺐다 반복하다 위끝이 뾰족하므로 끝에서 칼을 바깥으로 뺀 다음, 지우개를 돌려 반대편 외곽선을 따라가며 마무리한다.

외곽 V자 2차 커팅 1차 커팅 도착점에서 2~3mm 떨어진 지점에 칼을 넣고 이번에는 시계방향으로 나아가며 커팅한다.

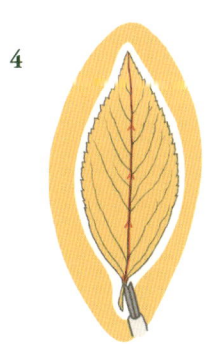

4

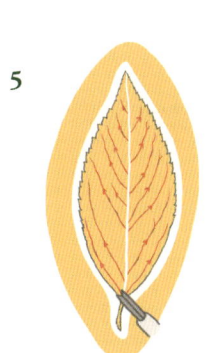

5

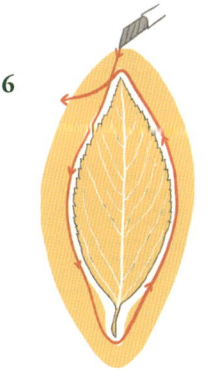

6

7

주맥 파기 삼각도를 이용해 잎자루와 잎몸이 만나는 지점을 시작으로 쭉 밀어 판다. 잎끝으로 갈수록 힘을 빼 선이 점차 가늘어지게 한다.

측맥 파기 삼각도를 이용해 주맥에서 잎 바깥 방향으로 판다. 끝으로 갈수록 가늘어지다 슬쩍 사라지게 한다.

주변 정리하기 외곽 커팅 및 사선 깎기로 1차 정리한다.

잎자루 주변은 칼로 수평 떠내기를 한다. 칼집이 너무 깊게 들어가지 않도록 조심한다.

느
티
나
무

굵은 톱니 끝의 뾰족한 곡선 표현에 유의한다. 측맥이
톱니 끝부분까지 파이지 않도록 주의하며 점차 가늘
어지게 한다.

○ 조각순서 ○

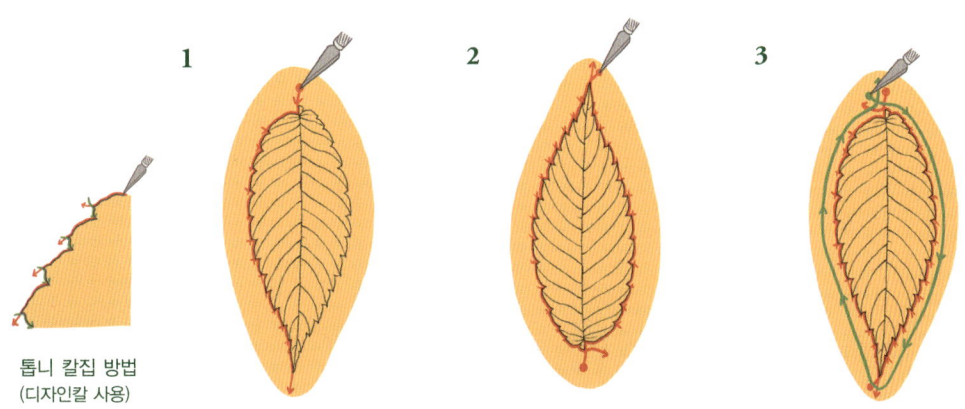

톱니 칼집 방법
(디자인칼 사용)

외곽 V자 1차 커팅 잎사루 부근에시 시삭에 시계반대방향으로 잎몸의 외곽선을 따라가며 칼집을 낸다. 날카로운 톱니 표현을 위해 칼을 여러 번 넣었다 뺐다 반복한다. 잎끝이 뾰족하므로 끝에서 칼을 바깥으로 뺀 다음, 지우개를 돌려 반대편 외곽선을 따라가며 마무리한다.

외곽 V자 2차 커팅 1차 커팅 도착점에서 2~3mm 떨어진 지점에 칼을 넣고 이번에는 시계방향으로 나아가며 커팅한다.

주맥 파기 삼각도를 이용해 잎자루와 잎몸이 만나는 지점을 시작으로 쭉 밀어 판다. 잎끝으로 갈수록 힘을 빼 선이 점차 가늘어지게 한다.

측맥 파기 삼각도를 이용해 주맥에서 잎몸 바깥 방향으로 판다. 잎 가장자리까지 파되 잎몸 선을 끊어내지 않도록 주의한다.

주변 정리하기 외곽 커팅 및 사선 깎기로 주변을 정리한다.

무
궁
화

불규칙적인 톱니의 형태에 유의한다. 주맥과 측맥의
곡선을 부드럽게 표현한다.

○ 조각순서 ○

톱니 칼집 방법
(디자인칼 사용)

1

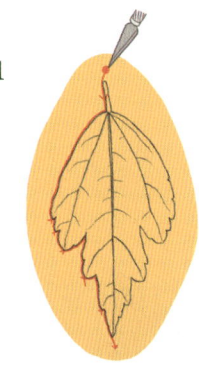

외곽 V자 1차 커팅 잎자루 끝에서 시작해 시계반대방향으로 잎몸의 외곽선을 따라가며 칼집을 낸다. 뾰족한 톱니에서는 칼을 넣었다 뺐나 반복한다. 잎끝이 뾰족이므로 끝에서 칼을 바깥으로 뺀다음, 지우개를 돌려 반대편 외곽선을 따라가며 마무리한다.

2

3

외곽 V자 2차 커팅 1차 커팅 도착점에서 2~3mm 떨어진 지점에 칼을 넣고 이번에는 시계방향으로 커팅한다.

4

주맥 파기 삼각도를 이용해 잎자루와 잎몸이 만나는 지점을 시작으로 쭉 밀어 판다. 잎끝으로 갈수록 힘을 빼 선이 점차 가늘어지게 한다.

5

측맥 파기 삼각도를 이용해 주맥에서 잎 바깥 방향으로 판다. 끝으로 갈수록 잎맥이 가늘어지게 한다.

6

주변 정리하기 외곽 커팅 및 사선 깎기로 1차 정리한다.

7

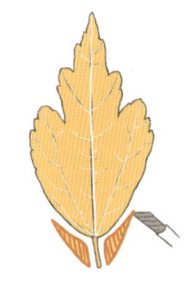

잎자루 주변은 칼로 수평 떠내기를 한다. 칼집이 너무 깊게 들어가지 않도록 조심한다.

143

양버즘나무

깊은 결각과 뾰족한 잎끝의 표현에 유의한다.
시원스런 잎맥을 살리도록 한다.

○ 조각순서 ○

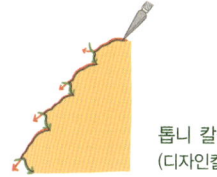

톱니 칼집 방법
(디자인칼 사용)

1

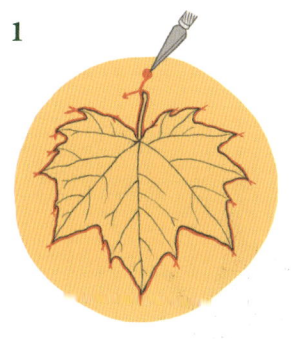

외곽 V자 1차 커팅 잎자루 끝에서 시작해 시계반대방향으로 잎의 외곽선을 따라가며 칼집을 낸다. 불규칙한 톱니를 따라 칼을 넣었다 뺐다 반복하며 작업한다.

2

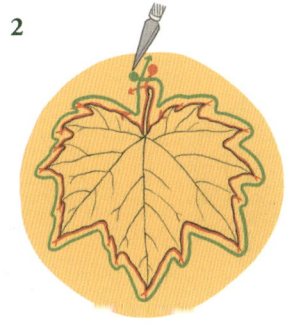

외곽 V자 2차 커팅 1차 커팅 도착점에서 2~3mm 떨어진 지점에 칼을 넣고 이번에는 시계방향으로 커팅한다.

3

주맥 파기 삼각도를 이용해 잎자루와 잎몸이 만나는 지점을 시작으로 쭉 밀어 판다. 3개의 주맥을 같은 굵기로 판다.

4

측맥 파기 삼각도를 이용해 주맥에서 잎몸 바깥 방향으로 판다. 끝으로 갈수록 잎맥이 가늘어지게 한다.

5

주변 정리하기 사방으로 뻗은 잎 끝들을 연결해 외곽을 크게 커팅하고 사선 깎기를 한다.

6

결각 주변은 칼로 수평 떠내기를 한다. 둥근칼을 이용해도 된다.

145

담쟁이덩굴

불규칙하고 굴곡이 심한 톱니의 선을 따라 천천히 조각한다.
가늘고 긴 잎자루의 두께 표현에 유의한다.

○ 조각순서 ○

톱니 칼집 방법
(디자인칼 사용)

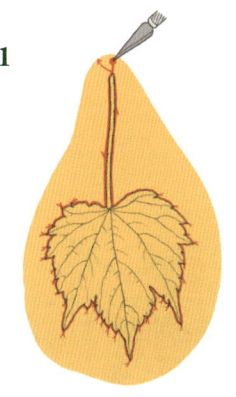

1

외곽 V자 1차 커팅 잎자루 끝
에서 시작해 시계반대방향으
로 외곽선을 천천히 따라가며
칼집을 낸다. 뾰족한 톱니가 불
규칙하게 이어지므로 칼을 여
러 번 넣었다 빼며 작업한다.

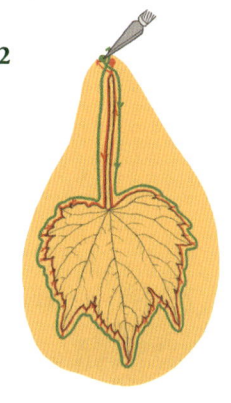

2

외곽 V자 2차 커팅 1차 커팅
도착섬에서 2~3mm 밀어진
지점에 칼을 넣고 이번에는 시
계방향으로 커팅한다.

3

주맥 파기 삼각도를 이용해
잎지루의 잎맥이 맏나는 지점
을 시작으로 쭉 밀어 판다. 3개
의 주맥을 같은 굵기로 판다.

4

측맥 파기 삼각도를 이용해 주맥
에서 잎몸 바깥 방향으로 판다. 짧
은 측맥도 가급적 곡선으로 판다.

5

주변 정리하기 뾰족하게 튀어나
온 잎끝들을 연결해 크게 외곽을
커팅하고 사선 깎기를 한다.

6

결각 주변은 칼로 수평 떠내기를
한다. 둥근칼을 이용해도 된다.

단풍나무

자잘한 겹톱니가 잎 전체에 분포돼 있어 조각에 집중을 요한다.
길고 유연한 잎자루 표현에 유의한다.

○ 조각순서 ○

톱니 칼집 방법
(디자인칼 사용)

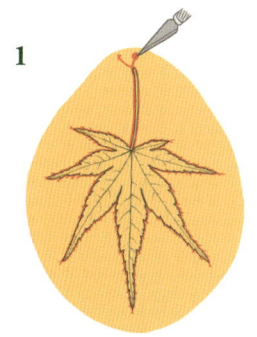

1

외곽 V자 1차 커팅 잎자루 끝에서 시작해 시계반대방향으로 위의 외곽선을 따라가며 칼집을 낸다. 자잘한 겹톱니가 불규칙하게 이어지고 결각이 깊어 칼질을 짧게 끊어가며 작업한다.

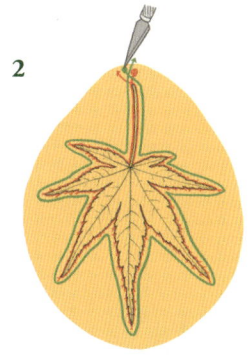

2

외곽 V자 2차 커팅 1차 커팅 도착점에서 2∼3mm 떨어진 지점에 칼을 넣고 이번에는 시계방향으로 커팅한다.

3

주맥 파기 삼각도를 이용해 잎자루와 잎몸이 만나는 지점을 시작으로 쭉 밀어 판다. 잎끝이 좁으므로 잎맥도 점차 가늘어지게 한다.

4

측맥 파기 삼각도를 이용해 주맥에서 잎몸 바깥 방향으로 판다. 짧은 측맥도 가급적 곡선으로 판다.

5

주변 정리하기 뾰족하게 튀어나온 잎끝들을 연결해 외곽을 크게 커팅하고 사선 깎기를 한다.

6

7

결각이 안쪽으로 매우 깊게 파인 형태다. 먼저 큰 V자 커팅으로 결각 주변부를 1차 제거한 후 남은 면적을 수평으로 떠낸다. 마지막은 둥근칼을 이용해도 된다.

소나무

가늘고 긴 바늘잎의 섬세한 선과 잎끝을 표현하는 데
중점을 둔다. 잎자루의 연결부를 먼저 판다.

◇ 조각순서 ◇

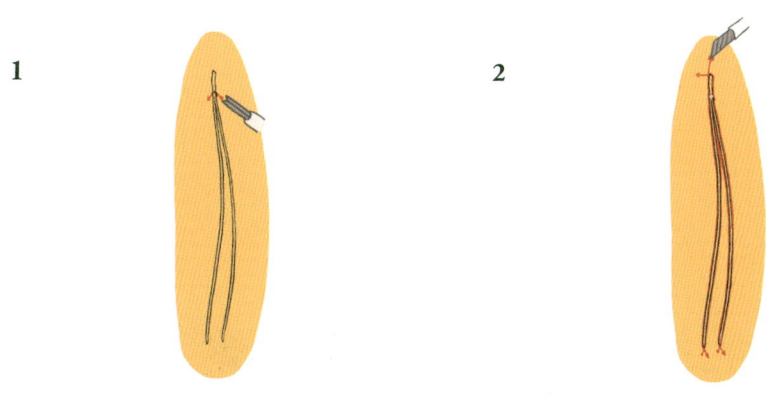

1

잎자루와 잎의 연결부를 삼각도로 먼저 파낸다.

2

외곽 V자 1차 커팅 잎몸의 외곽선을 따라 시계반대방향으로 V자 1차 커팅을 한다. 잎 두 개의 좌우로 2회씩 나누어 커팅한다.

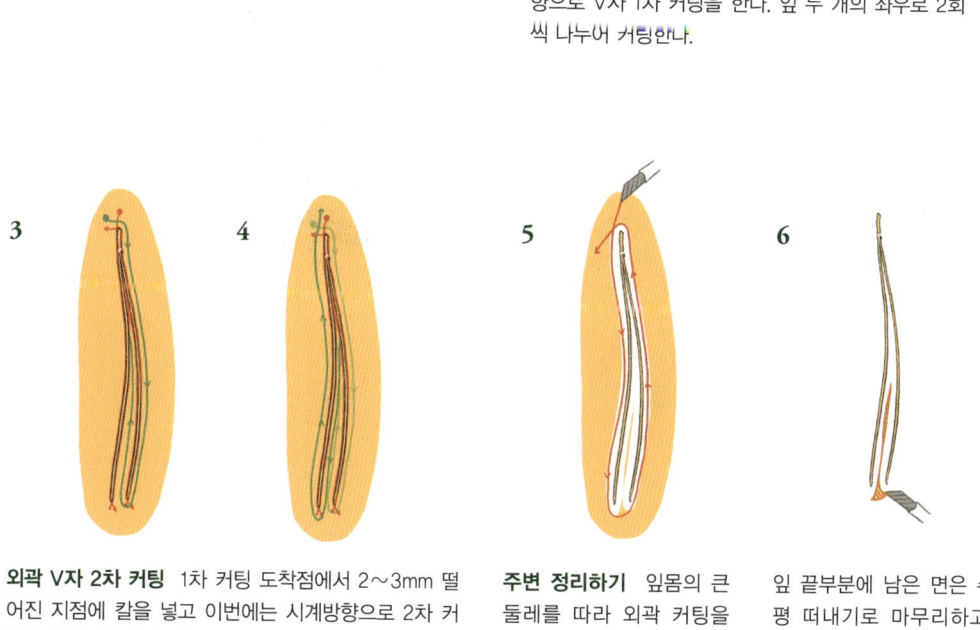

3

4

외곽 V자 2차 커팅 1차 커팅 도착점에서 2~3mm 떨어진 지점에 칼을 넣고 이번에는 시계방향으로 2차 커팅을 한다. 두 개의 바늘잎이 만나는 교차점에 유의하며 천천히 나누어 판다.

5

주변 정리하기 잎몸의 큰 둘레를 따라 외곽 커팅을 하고 필요시 사선 깎기를 한다.

6

잎 끝부분에 남은 면은 수평 떠내기로 마무리하고, 잎과 잎 사이의 좁은 면은 둥근칼로 파낸다.

등

큰 잎줄기에 잎이 여러 개 달린 형태로 중심이 되는 잎줄기 표현에
유의한다. 작은 잎들의 잎맥 두께는 일정하게 표현한다.

1

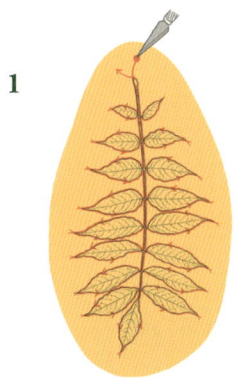

외곽 V자 1차 커팅 세밀한 조각을 위해 디자인칼을 사용한다. 잎의 외곽선을 따라 시계반대방향으로 커팅하는데, 잎끝이 뾰족하므로 각 잎마다 끝에서 칼을 뺀 다음 다시 넣는 방식으로 커팅한다.

2

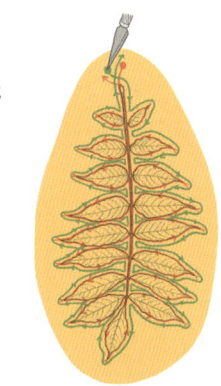

외곽 V자 2차 커팅 1차 커팅 도착점에서 2~3mm 떨어진 지점에 칼을 넣고 이번에는 시계방향으로 커팅한다.

3

잎맥 파기 삼각도를 이용해 각 잎의 주맥과 측맥을 판다. 잎맥이 잎 가장자리까지 침범하지 않노록 유의인다.

4

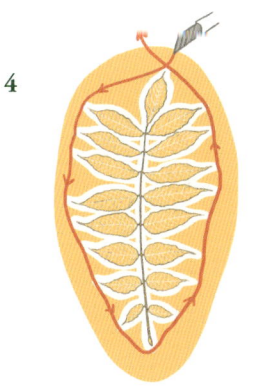

주변 정리하기 뾰족하게 튀어나온 잎끝들을 연결해 외곽을 자르고 사선 깎기를 한다.

5

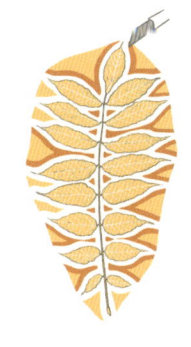

6

잎과 잎 사이의 제거면이 안쪽으로 깊어 수평 떠내기만으로는 어렵다. 먼저 큰 V자 커팅으로 잎 주변을 1차 제거한 다음 남은 면적을 수평으로 떠낸다. 마지막은 둥근칼을 이용해도 된다.

가는 잎줄기 안에 겹쳐진 비늘 부위의 표현에 유의한다.
잎의 구조를 정확히 파악해 각 곡선의 흐름이 어색하게
끊기는 곳이 없도록 한다.

◇ 조각순서 ◇

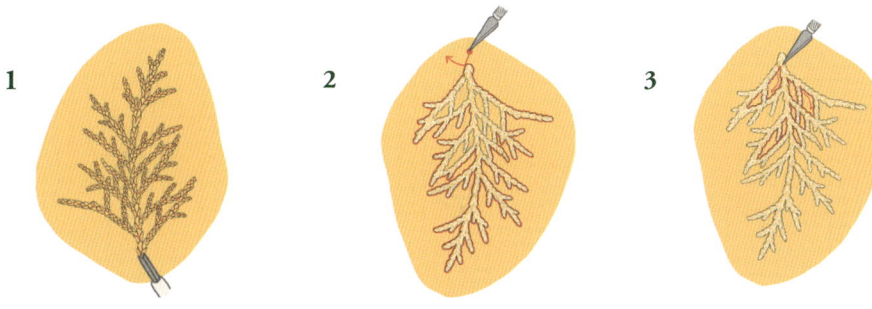

1 가는 줄기 내부의 비늘 모양을 삼 각도로 먼저 판다.

2 **외곽 V자 1차 커팅** 세밀한 조각을 위해 디자인칼을 사용한다. 잎자루에 서부터 잎의 바깥 테두리를 따라 시계반대방향으로 커팅한다. 테두리 커 팅을 마치면 내부의 빈 공간에 해당하는 잎 외곽선도 커팅한다.

3

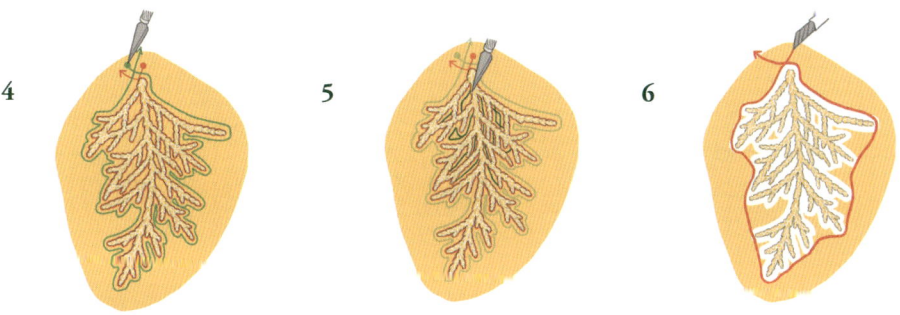

4 **외곽 V자 2차 커팅** 1차 커팅 도착점에서 2~3mm 떨어진 지점에 칼을 넣고 테두리를 따라 시계방향으로 커팅한다. 잎 내부도 2차 커팅한다.

5

6 **주변 정리하기** 튀어나온 잎끝들 을 연결해 외곽을 자르고 사선 깎 기를 한다.

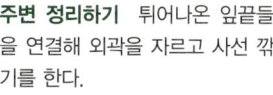

7

8

잎과 잎 사이의 넓은 면은 큰 V자 커팅으로 파내고 외곽 부분은 수평 떠 내기로 마무리한다. 마지막은 둥근칼을 이용해도 된다.

모
감
주
나
무

불규칙한 톱니와 일부 갈라진 잎의 구조를 정확히 이해한다.

각 잎들의 잎맥 표현에 유의한다.

1

2

3

외곽 V자 1차 커팅 세밀한 조각을 위해 디자인칼을 사용한다. 잎자루에서부터 잎의 바깥 테두리를 따라 시계반대방향으로 커팅한다.

외곽 V자 2차 커팅 1차 커팅 도착점에서 2~3mm 떨어진 지전에 칼을 넣고 이번에는 시계방향으로 커팅인나. 테두리 작업을 마치면 내부를 2차 커팅한다.

4

5

6

잎맥 파기 삼각도를 이용해 각 잎의 주맥과 측맥을 판다. 잎끝으로 갈수록 점차 가늘어지게 한다.

주변 정리하기 뽀족하게 튀어나온 잎끝들을 연결해 외곽을 커팅하고 사선 깎기를 한다.

잎과 잎 사이 움푹 들어간 곳은 큰 V자 커팅으로 파내고 외곽에 남은 부분은 수평 떠내기로 마무리한다. 마지막은 둥근칼을 이용해도 된다.

①

④

②

②

⑤

③

③

⑤

스탬핑을 위한 위한 준비

스탬프 제작의 가장 마지막 단계는 스탬핑stamping, 즉 찍기다. 스탬프 면에 잉크를 묻혀 선명하게 찍어내는 일이야말로 진정한 완성이다. 스탬핑을 잘하려면 찍으려는 소재에 적합한 전용 잉크와 보조 도구를 잘 활용해야 한다. 잉크는 처음부터 많은 색을 갖추려 하기보다 한두 개만 구입해 농도와 번짐 등을 체크한 후 자신에게 맞는 것을 찾아간다.

○ 스탬프용 잉크

스탬프용 잉크는 다양한 종류가 나와 있다. 기본적으로 수성, 유성, 섬유용으로 분류돼 나오기 때문에 스탬프를 찍고 싶은 소재의 재질에 맞춰 선택하면 된다. 브랜드별로 잉크의 농도, 번짐, 흡착의 느낌이 다르므로 한꺼번에 한 브랜드에서 다양한 색을 구입하기보다 한두 가지 색깔을 구입해 사용하고 취향에 맞는 것을 찾아가는 게 좋다. 무엇보다 스탬프를 찍으려는 소재와의 궁합을 잘 살펴서 결정한다.

① 수성: 일반적으로 종이에 많이 사용하며 '메멘토' 제품이 대표적이다. 빨리 마르고 보존성이 좋지만 수성이니만큼 잘 번진다. 작은 사이즈 제품도 나와 있어 세심하게 스탬핑할 때 사용하면 좋다.

② 유성: 'Staz On'이 대표적인 제품으로 유리, 메탈, 세라믹, 플라스틱 등 다양한 재질에 적용 가능하다. 잉크가 휘발성이라 사용할 때 뚜껑을 계속 열어두면 손실이 있다(리필잉크 구입 가능).

③ 섬유용: 'Versa Craft'가 대표적인 제품으로 섬유 외에도 나무, 가죽, 세라믹 등 다양한 소재에 사용할 수 있다. 천에 스탬프를 찍은 후 다리미로 열을 가하면 세탁 후에도 지워지지 않는 게 장점. 다른 재질에 찍을 때는 드라이어나 히터의 뜨거운 바람을 이용해서 말린다(리필잉크 구입 가능). 중국산으로 저렴한 'Crystal' 'Junesix' 제품이 있다.

○ 보조 재료

④ 잉크전용 클리너: 스탬핑 후 잉크를 닦아낼 때 사용하는 제품으로, 용액을 스탬프 면 혹은 천에 묻혀 살살 문지른다.

⑤ 리필용 잉크: 사용하던 잉크패드에 잉크를 분산해 떨어뜨리고 골고루 펴주면 재사용이 가능하다. 'Staz On' 'Versa Craft' 브랜드에서 리필용 잉크를 판매한다.
· **구입처.** 검색창에 '스탬프 잉크패드' 혹은 브랜드명을 쳐서 찾을 수 있다. 스탬프 재료 전문 사이트인 '스탬프마마' 혹은 '스탬프하우스'에서 좀 더 전문적인 재료를 판매한다.

스탬핑하기 (찍기)

스탬프를 찍는 데 무슨 특별한 방법이 있을까 싶겠지만 그림이 선명하게 찍혀 나오도록 하기 위해서는 적절한 요령이 필요하다. 스탬프 하나를 만드는 데 들였던 시간과 정성을 생각하면 사소한 부주의로 완성 단계에서 실망하는 일은 없어야 하지 않을까. 나뭇잎 스탬프는 우리가 흔하게 사용하는 이름 도장과는 찍는 방법부터 다르다. 일반 도장보다 사이즈가 훨씬 커서 찍히는 면적이 넓기 때문이다. 나뭇잎 스탬프를 효과적으로 잘 찍는 방법을 알아본다.

잉크를 충분히 묻힌다

가장 흔히 간과하는 부분으로, 스탬프를 잉크패드 위에 무심히 몇 번 쿵쿵 두드리기만 하면 잉크가 충분히 묻으리라고 생각한다. 하지만 그렇지 않다. 나뭇잎 스탬프는 면적이 넓어서 여러 번에 걸쳐 잉크를 골고루 두드린 다음, 스탬프를 뒤집어 꼼꼼하게 묻었는지 꼭 확인해야 한다. 어느 한 구석이라도 잉크가 제대로 묻지 않으면 영락없이 그 부분만 흐릿하게 찍힌다. 스탬프는 한 번에 잘 찍어내야 하는 만큼 신중을 기해야 한다.

잉크패드 사이즈가 작거나 스탬프가 비교적 큰 경우라면 스탬프의 조각된 면이 위로 향하도록 내려놓고 잉크를 위에서 톡톡 두드려 묻힌다. 잉크가 골고루, 그리고 충분히 묻었는지 눈으로 쉽게 확인할 수 있어 효과적이다.

잉크의 농도도 고려할 사항이다. 잉크패드에 물기가 많을 경우 스탬프를 너무 세게 누드리면 잉크가 튀기도 하고 잉크가 너무 많이 묻어 찍었을 때 번지기 쉽다. 이럴 때는 스탬프 면에 고르게 묻히는 정도로만 가볍게 두드려줘야 세밀한 부분까지 잘 표현된다.

힘주어 꾹 누른다

스탬핑을 할 때는 두 손으로 최대한 힘을 줘 몇 초간 압력을 가한다. 스탬프의 조각면이 바탕 재질에 완전히 흡착돼 잉크를 흡수시킬 시간이 필요하기 때문이다. 이때 손의 무게중심을 스탬프 중앙에만 두지 말고 가장자리를 비롯한 모든 면에 분산되도록 한다.

잉크를 아무리 잘 묻혔다 해도 누르는 힘이 균일하지 않으면 어딘가는 흐릿하게 찍힌다. 한편, 스탬프를 찍는 바탕 재질에 요철이 있는 경우라면 힘을 잘 줘도 흐릿한 부분이 생길 수 있으니 유의한다.

조심히 떼어낸다

공들여 찍은 스탬프를 떼어내는 과정에서 실수가 생기기도 한다. 스탬프를 떼어내다가 손에서 놓치거나 떼어내기 전 살짝 움직이기라도 하면 원치 않는 잉크 자국이 남는다. 마지막까지 집중력을 잃지 않아야 하는 이유다. 한 번을 찍어도 마음을 다하는 태도로

찍어야 실수 없이 깨끗한 스탬핑이 가능하다.

잉크패드 오래 쓰는 방법

잉크패드를 사용하다 보면 어느 순간 잉크가 다 소진돼 스탬프가 잘 찍히지 않게 된다. 이럴 때는 리필용 잉크를 충진해서 쓴다. 잉크패드를 처음 구입할 때 같은 브랜드에서 리필용 잉크를 판매하는지, 구입한 색이 리필로도 구비돼 있는지 체크해두면 좋다. 잉크패드가 마르면 리필용 잉크를 전체에 걸쳐 골고루 뿌린 후 잘 펴서 사용한다. 잉크의 농도를 확인해가며 추가로 충진해 쓰면 된다.

스탬프에 묻은 잉크 지우는 방법

스탬핑 후 스탬프의 조각된 면에 묻은 잉크는 반드시 깨끗이 닦아서 보관해야 한다. 닦지 않고 보관하면 잉크가 굳으면서 층을 형성해 다음에 사용할 때 잉크가 깨끗이 묻지 않을 뿐 아니라 파인 선 속에 남은 잉크가 굳어 선명하게 찍히지 않는다. 특히 유성 잉크는 젖은 물수건으로 닦아도 잘 지워지지 않으므로 반드시 전용 클리너를 구입해 사용한다. 천에 클리너를 묻혀 스탬프 면을 살살 닦아주면 된다.

스탬프 일상 관리법

지우개 스탬프는 고무 소재라 열에 약한 특징이 있다. 이런 스탬프를 겹쳐서 보관
하면 기온이 높은 여름철에 고무가 녹으면서 서로 눌어붙을 수 있다. 고온의 공간
에는 보관하지 말고 스탬프와 스탬프 사이에 종이나 천을 끼워두는 게 좋다. 보관
상자도 공기가 통하지 않는 플라스틱보다는 종이나 나무 등 통기성이 있는 자연
소재로 된 것을 사용한다.

4

스탬프 활용하기

일상에 스미는 나뭇잎

일상 속 초록

　　햇빛이 가득 들어오는 창문으로 나뭇잎이 찍힌 커튼이 나부긴다. 아이들 손수건과 커피 잔 밑의 코스터, 읽고 있는 책의 책갈피, 옷장 속 향낭에도 나뭇잎이 새겨져 있다. 산책 중에 따온 열매들과 나뭇가지가 아무렇지 않게 내 주변에 존재하듯 스탬프를 찍은 물건도 자연스럽게 늘어간다. 책을 펼치며, 세탁을 하며, 차를 마시며 나뭇잎을 다시 만난다. 그저 편안한 일상의 일부로, 나와 함께 살아가는 친구로. 이 소소한 물건이 주는 잠깐의 위로 혹은 전환이 일상을 크게 바꿀 만한 위세는 아니더라도 분명 잠시나마 초록의 기운을 나에게 전해준다. 나뭇잎을 앞에 두고 그리고 만든 시간을 응축해 짧은 순간 스치듯 반짝거린다.

나뭇잎 스탬프를 선물로 받은 한 친구는 아이들에게 건네주니 방안 벽지를 온통 나뭇잎으로 새겨 넣었다고 소식을 전해주었다. 수업을 받은 한 수강생은 천에 나뭇잎을 찍어 아이 베개와 이불 커버를 만들어줄 생각이라고 했다. 민무늬 가방, 흰 티셔츠, 테이블보, 파우치 등등 천으로 된 물건뿐 아니라 벽지, 가구, 아이의 손등에까지 초록을 새겨 넣는 방법은 가지가지다. 나뭇잎 크기를 조금 작게, 혹은 크게 만들면 또 다른 느낌이 난다. 작은 잎을 여러 개 찍어 만든 잔잔한 패턴과 커다란 잎의 존재감은 나뭇잎의 미적 아름다움을 더욱 돋보이게 한다. 그 아름다움을 찾아내는 것 또한 만든 이의 몫이다. 내 안의 숨은 상상력을 발동시키고 눈을 이리저리 굴려가며 스탬프를 어디에 어떻게 찍어 활용하면 좋을지 생각해보자. 초록 잎들을 서랍 속에만 가둬놓기엔 너무 아깝지 않은가.

오롯이 내 손으로

　　스탬프를 만들었던 자신감에 약간의 용기를 더하면 일상에서 흔히 사용하는 소품을 내 손으로 만들어 쓸 수 있다. 시중에서 구입한 제품에 나뭇잎을 새겨 넣어도 좋지만 도화지 같은 민무늬 원단에 원하는 색과 형태로 찍으면 더욱 특별한 나만의 물건을 만들 재료가 된다.

손을 움직여서 하는 바느질은 즐겁다. 바느질에 아주 익숙한 사람은 아니지만 어릴 적 엄마가 바느질하던 모습이 가슴 한 구석에 남아있어서인지 바늘을 손에 쥐고 무언가를 만드는 것이 낯설지 않다. 바늘이 움직이는 순간의 고즈넉함이 좋고, 신중한 손놀림의 시간을 따라 무언가 만들어지고 완성되는 형상이 뿌듯함을 준다. 바느질은 시간이 걸리더라도 조금씩 배워나가고 싶은 따뜻한 삶의 기술이다.

나뭇잎과 손바느질의 만남은 여유롭고 느긋하며 조화롭다. 나뭇잎이라는 자연의 선과 내 손의 움직임이 만들어낸 굴곡이 서로를 감싸며 넉넉히 품어줘서가 아닐까. 하나의 물건이라기보다는 작은 생명체 같다. 나의 눈과 손이 그 어디에서도 볼 수 없는 하나의 자연물을 만들어낸 것 같은 느낌에 자꾸만 손이 간다. 자연의 생명력을 품고 내 일상을 조용히 빛내주는 물건들. 이런 따스한 것을 곁에 두고 만지면 만질수록 나도 더욱 부드럽고 느긋한 사람이 되어가는 것 같다.

바느질을 위한 준비

우리의 손은 생각보다 능력치가 높다. 쓰지 않고 훈련되지 않아 기능을 제대로 발휘하지 못할 뿐 큰 능력이 잠재돼 있다. 그림과 조각을 통해 그것을 조금 꺼내봤다면 마지막으로 작은 소품을 만드는 바느질에도 도전해보자. 간단한 몇 가지 준비물과 기술만 익히면 누구라도 손바느질을 시작할 수 있다. 좀 서툴고 삐뚤어도 그대로의 아름다움을 인정하며 나만의 특별한 물건을 만들어보자.

○ 필요한 도구

① 바늘: 소품을 만들기에 두껍지 않은 것으로 길이 3~3.5cm가 적당하다.

② 퀼팅 실: 일반 실보다 튼튼하고 꼬임이 적다. 면과 폴리에스테르 소재가 있다.

③ 시침용 핀: 천을 임시로 고정할 때 사용한다. 가늘고 긴 핀을 사용해야 천에 자국이 남지 않는다.

④ 가위: 큰 가위는 천을 자를 때, 작은 가위는 실을 자를 때 쓴다.

⑤ 수성 펜: 천에 선을 그을 때 사용한다. 물을 뿌리면 사라진다.

⑥ 시접자: 천의 길이를 잴 때 사용한다. 사이즈별로 시접이 표시돼 있어 재단할 때 편리하다.

⑦ 방울솜: 부피를 더하기 위해 소품 안에 넣어 사용한다.

⑧ 린넨 테이프: 다양한 폭으로 판매되며 스트랩, 라벨 등을 만들 때 사용한다.

○ 손바느질의 기초

홈질

한 땀씩 앞으로 나아가는 바
느질. 원단 위로 점선의 형태
가 나타난다.

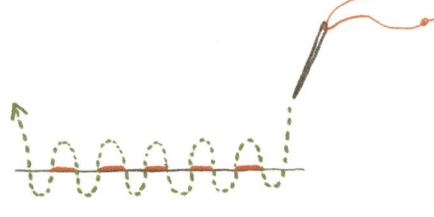

박음질

한 땀 뒤로 갔다가 두 땀 앞
으로 나오는 방식으로 원단을
튼튼하게 연결한다.

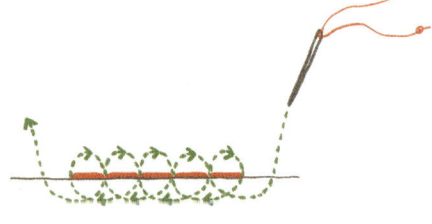

공그르기

보통 창구멍을 막을 때 사용하는 방법으로 바늘땀이 보이지 않게 숨기고 면과
면을 연결한다.

○ 소품 만들기 기초 테크닉

모서리 뒤집기

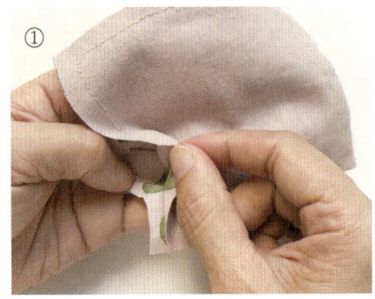

①-② 겉면과 겉면이 마주하도록 박음질한 천을 창구멍을 통해 뒤집는다.

③ 창구멍으로 다시 모서리 부분만 꺼내고 시접과 시접이 만나는 부분을 바느질 선을 따라 ㄱ자로 접는다.

④ 접은 모양 그대로 창구멍으로 다시 뒤집어 넣는다. 네 모서리를 모두 시행한다.

⑤ 바늘로 모서리 끝을 빼내 깨끗이 정리한다.

창구멍 막기

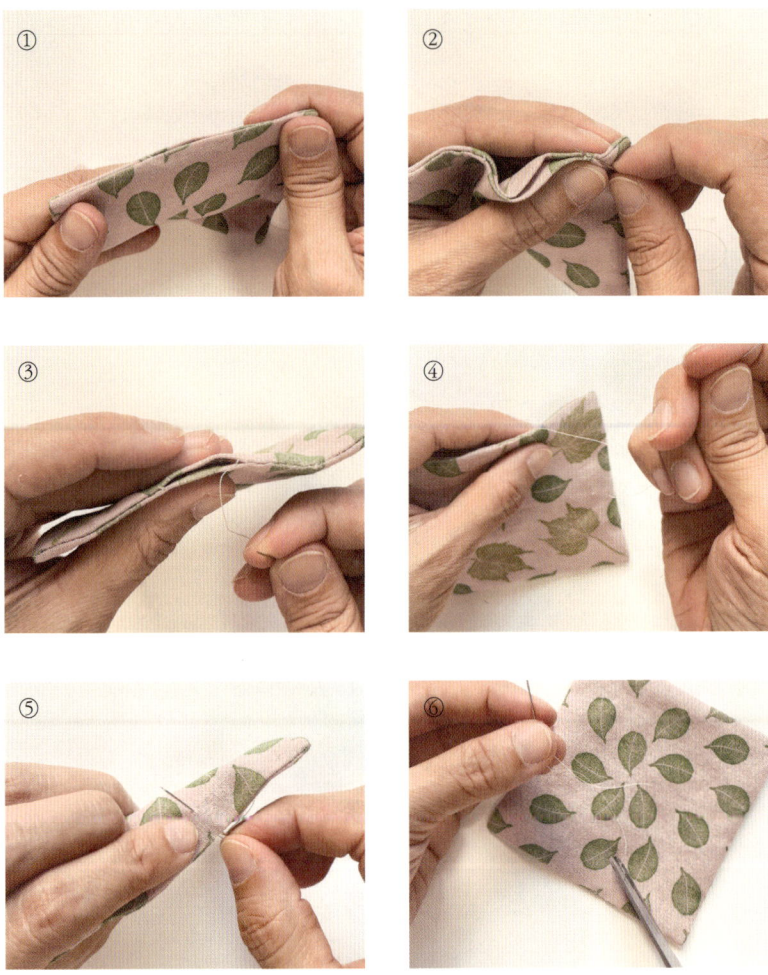

① 창구멍 부분을 다림질해 선을 깨끗이 정리한다.

②-③ 창구멍 시작점의 한 땀 뒤쪽에서 시작해 두 개의 천을 연결하는 공그르기를 한다. 3~4땀 정도에 한 번씩 실을 당겨 모양을 정리한다.

④ 공그르기가 끝난 실은 다시 한 땀 돌아가 숨겨진 실과 매듭을 짓는다.

⑤ 바늘땀 사이로 바늘을 집어넣어 밖으로 빼낸다.

⑥ 빼낸 실은 잘라내고 마무리한다.

가벼운 일상용품 만들기

한 손에 쏙 들어가는 작은 크기의 소품은 손바느질로 만들기도 좋고 일상에서
사용하기도 좋다. 부담 없이 만들고 사용하면서 손때 묻은 물건의 온기를 느
껴보자. 천의 촉감, 스탬프를 찍는 위치와 배열, 천과 잉크 색의 조화를 고민
하며 오롯이 내가 좋아하는 물건으로 디자인한다.

찻잔 아래로 살짝 보이는 나뭇잎이 싱그럽게 느껴진다. 코스터마다
다른 모양 나뭇잎을 찍어 매일의 기분에 따라 골라서 사용하면 어
떨까.

○ 만드는 방법 ○

재료 재단 천 앞장 12×12cm 1개 / 뒷장 12×7cm 2개

완성품 크기 10×10cm

＊재단 사이즈에는 시접이 포함되지 않으며, 모든 시접은 1cm이다.

1

앞장 겉

재단 천의 앞장 겉면에 원하는 모양으로
스탬핑을 한 후 다림질한다.

2

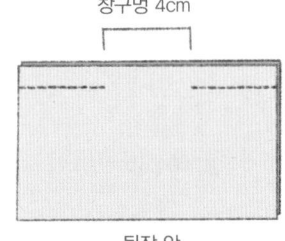

뒷장 안

뒷장 2개의 겉면과 겉면을 마주대고
가운데 창구멍을 제외한 양쪽 시접
선을 박음질한다(시접 1cm)

3

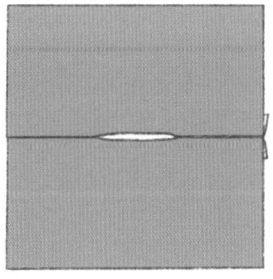

뒷장 겉

박음질한 천을 위 아래로 펼치고 가름솔
을 정리한다.
가름솔: 원단 끝 시접을 양옆으로 갈라주는
방법

4

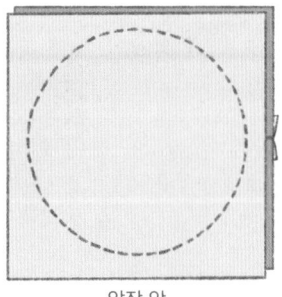

앞장 안

앞장과 뒷장의 겉면이 서로 마주보게 붙
인 후 중앙에 지름 10cm의 원을 그린다.
그리고 그 선을 따라 박음질한다.

5

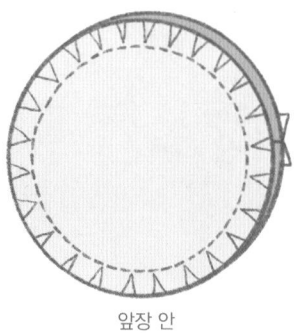

앞장 안

박음질한 원의 바깥에 1cm의 시접만 남기고 천을 잘라낸다. 그 다음 시접에 일정한 간격으로 가위집을 내준다.

6

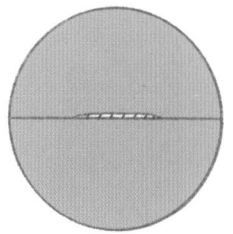

뒷장 겉

창구멍으로 천을 뒤집고 공그르기로 마무리한다. 원의 가장자리 형태를 잘 정리해 다림질하면 끝.

린넨 책갈피

책장 사이에 나뭇잎을 끼운 듯 책갈피에 찍힌 초록빛이 어여쁘다.
천으로 만든 책갈피라니, 아주 오래도록 쓰게 될 것 같다.

◇ 만드는 방법 ◇

재료 재단 천 7×15cm 2장 / 린넨 끈 7cm 1개

완성품 크기 5×13cm

＊재단 사이즈에는 시접이 포함되지 않으며, 모든 시접은 1cm이다.

1

앞장과 뒷장 겉면에 스탬핑한 후 다림질
한다.

2

반으로 접은 린넨 끈의 끝부분이 뒷장(혹은
앞장)의 시접선 위로 0.5cm 올라오도록 위
치를 잡고 시침핀으로 고정한다.
린넨 끈의 길이는 취향에 따라 조절이 가능하다.

3

창구멍 4cm

앞장과 뒷장의 겉면끼리 마주보게 포개
고 창구멍을 제외한 시접선을 따라 박음
질한다.

4

창구멍으로 천을 뒤집어 모서리 뒤집기
방법으로 정리한 다음 창구멍을 공그르
기해 막는다.

향낭

나뭇잎이 찍힌 말랑말랑한 물건에서 기분 좋은 향기까지!
나뭇잎 위에 아로마 한 방울을 살짝 떨어뜨려 가방에 넣고
다니면 내내 기분 좋은 향기가 주위에 퍼진다.

◇ 만드는 방법 ◇

재료 재단 천 9×12cm 2장 / 린넨 끈 20cm 1개 / 방울솜
완성품 크기 7×10cm
＊재단 사이즈에는 시접이 포함되지 않으며, 모든 시접은 1cm이다.

1

앞장과 뒷장 겉면에 스탬핑한 후 다림질한다.

2

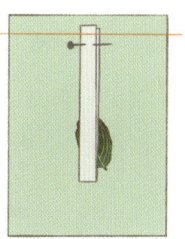

반으로 접은 린넨 끈의 끝부분이 뒷장(혹은 앞장)의 시접선 위로 0.5cm 올라오도록 위치를 잡아 시침핀으로 고정한다.
린넨 끈의 길이는 취향에 따라 조절이 가능하다.

3

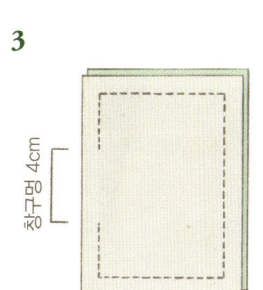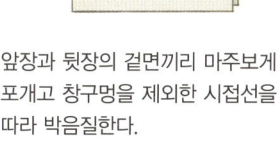

앞장과 뒷장의 겉면끼리 마주보게 포개고 창구멍을 제외한 시접선을 따라 박음질한다.

4

창구멍으로 천을 뒤집어 모서리 뒤집기 방법으로 정리한 다음 방울솜을 채워 넣는다. 구석구석 잘 밀어 넣어 사방이 팽팽해지도록 한다.

5

창구멍을 공그르기해 완성한다.

책에 실린 나무 산책

회양목

흔하다고 아름답지 않은 건
아니다. 우리 주변에서 가장
쉽게 만날 수 있는 나무인
회양목은 꽃도 열매도
앙증맞고 귀여운 관찰 1호
나무다.

꽃만 보고 돌아섰다면
가을날 한 번 더
그 나무 앞에 서야 한다.
꽃보다 아름다운 열매가
기다리고 있으니 말이다.
산수유는 그야말로
사계절이 아름답다.

수수꽃다리

5월의 그윽한 꽃향기는
어디서 올까?
주변을 둘러보면
연보랏빛 수수꽃다리 꽃을
찾을 수 있다.
화려한 꽃보다 향기가
더 아름답게 느껴지는 나무다.

겨울의 백목련은
반짝이는 은빛 털에 감싸인
커다란 꽃눈들로 가득하다.
그 속엔 무엇이 들었을까?
이긴 비밀의 초기 비요
다시 꺼내야 자연의 비밀에
다가갈 수 있다.

왕벚나무

왕벚나무는 꽃이 일찍 피는 만큼
열매도 일찍 열리고
단풍도 빨리 든다.
꽃뿐만 아니라 열매도 단풍도
아름다워서 놓치지 않도록
늘 서둘러 찾아보아야 한다.

사철나무는 한겨울에도
초록빛 잎을 반짝이는
늘푸른나무다.
언젠가 직박구리가 덤불 안에서
붉게 익은 열매를
열심히 빼먹는 모습을
한참 바라본 적이 있다.

개
나
리

봄이면 어디서나 마주치지만
꽃이 지면 아무도 알아보지 못하는
개나리는 잎 모양을 알아야
다른 계절에도 인사를 나눌 수 있다.
열매도 거의 맺히지 않아
여름과 가을 내내 초록 잎만 보인다.

느티나무를 알아본다는 건
큰 행복이다.
주변에 살아가는 느티나무를
만나고 인사 나눌 때마다
나무가 주는 고마움을
새삼 느낀다.

무궁화

무궁화는 뜨거운 한여름에
꽃을 피워 청량제 역할을
톡톡히 한다.
많은 꽃이 아침에 피었다가
저녁에 꽃잎을 돌돌 말면서
떨어져버리니 한낮의 화려함이
어쩐지 애잔하다.

먼지와 오염에 강해
도시 가로수로 흔히 심는
양버즘나무(일명 플라타너스)는
나뭇가지가 이리 잘리고 저리 잘려
본모습을 마주하기 어렵다.
어쩌다 길 지긴 양버즘나무를
만나면 반가우면서도 괜스레
미안한 마음이 든다.

담
쟁
이
덩
굴

담쟁이덩굴은 여름의 싱그러운 초록 잎뿐만 아니라
가을에 단풍 든 모습도 사랑스럽다.
자연에 이보다 아름다운 장식물이 또 있을까 싶다.

이른 봄 단풍나무에 피어난 꽃을 본 적이 있는가?
잎과 함께 피어나는 단풍나무 꽃은 단풍보다도 색시런 어여쁘다.
가까이 다가가는 이에게만 보여주는 귀한 꽃이다.

소나무

땅에 떨어진 솔방울은
익숙하지만 그 생성 과정을
아는 이는 많지 않다.
2년에 걸쳐 여물어가는
솔방울의 변화를 곁에서 천천히
지켜보다 보면 익숙한 것의 비밀을
새로이 발견하게 된다.

동네 벤치에 앉아
머리 위로 드리워진 등을 바라본다.
무성한 잎들과 늦봄의 꽃,
가을의 열매,
이 나무가 언제나 그 자리에
있어줘서 작은 벤치는
더욱 반가운 휴식처가 된다.

측백나무

측백나무는
가까이 들여다볼수록
관찰할 구석이 많다.
잎, 꽃, 열매, 씨앗이 모두
독특한 구조를 지녔다.
그 특별함과는 별개로
늘 구석진 자리에 심겨지곤 해서
무척 아쉽다.

동네에서 드문드문 보이는
모감주나무는 노란 꽃이
만발할 때면
눈을 뗄 수 없을 만큼
화려하고 우월한 존재감을
드러낸다.
여름에 익어가는
폭신한 열매 주머니를
열어보는 재미도 쏠쏠하다.

한수정의 나뭇잎 도안

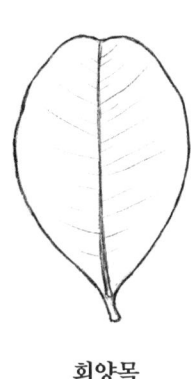

회양목

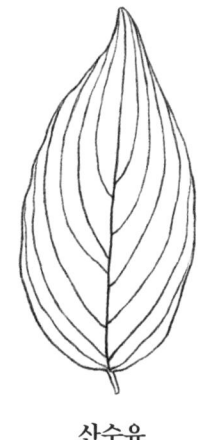

산수유

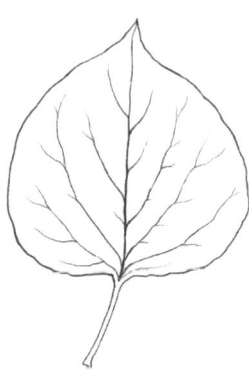

수수꽃다리

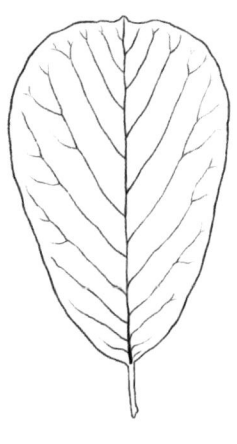

백목련

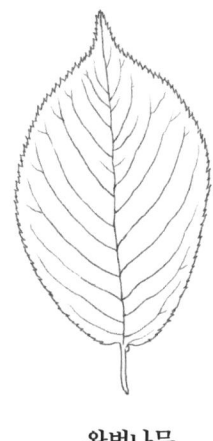

왕벚나무

사철나무

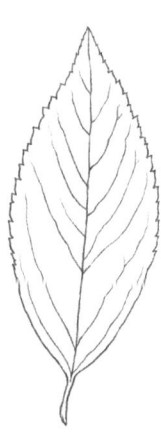

개나리

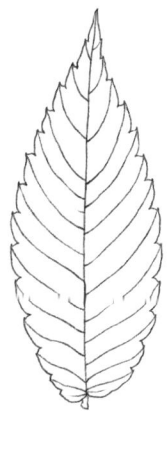

느티나무

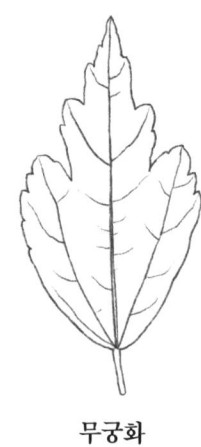

무궁화

양버즘나무

담쟁이덩굴

단풍나무

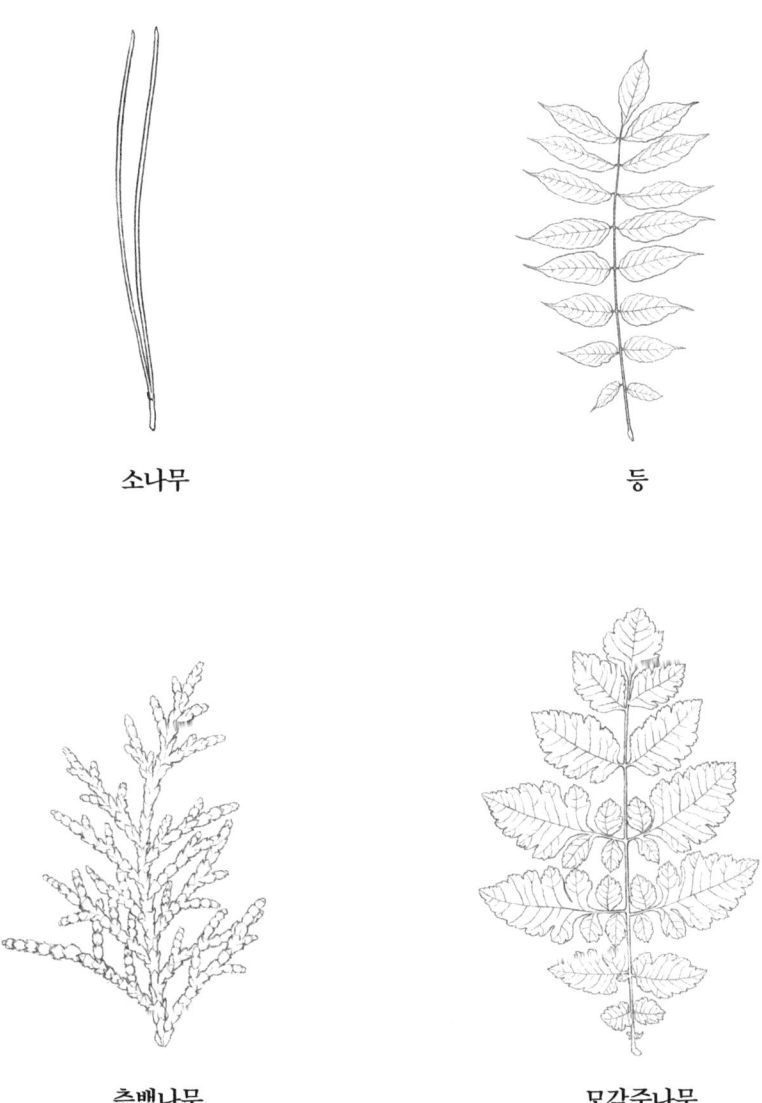

소나무   등

측백나무   모감주나무

나와 자연을 잇는 손의 놀이
나뭇잎과 스탬프

초판 1쇄 발행 2023년 11월 1일

지은이   한수정
펴낸이   박희선

발행처   도서출판 가지
등록번호   제25100-2013-000094호
주소   서울 서대문구 거북골로 154, 103-1001
전화   070-8959-1513
팩스   070-4332-1513
전자우편   kindsbook@naver.com
블로그   www.kindsbook.blog.me
페이스북   www.facebook.com/kindsbook
인스타그램   www.instagram.com/kindsbook

ISBN   979-11-86440-99-5 (03630)